Ken Blanchard
ERFOLG & ERFÜLLUNG

Ken Blanchard

Erfolg & Erfüllung

Ermutigung zu einer geistlichen Reise

Projektion J Buch- und Musikverlag GmbH, Wiesbaden

Titel der Originalausgabe:
We Are the Beloved – A Spiritual Journey

© 1994 Kenneth H. Blanchard
Zondervan Publishing House,
Grand Rapids, MI 49530

© 1996 der deutschen Ausgabe
by Projektion J Buch- und Musikverlag GmbH,
Rheingaustr. 132, D-65203 Wiesbaden

ISBN 3-89490-196-9

Die Bibelstellen wurden der Einheitsübersetzung entnommen.

Übersetzung: Roland Renz
Umschlaggestaltung: Petra Louis
Satz: Projektion J Buch- und Musikverlag GmbH
Druck: Schönbach-Druck GmbH, 64390 Erzhausen

Nachdruck, auch auszugsweise, nur mit Genehmigung des Verlages.
1 2 3 4   99 98 97 96

Dieses Buch widme ich:

Dorothy Blanchard
Bob Buford
Phil Hodges
Bill Hybels
Norman Vincent Peale

Meine Mutter war immer voller Elan und hatte großes Vertrauen in Gott. Sie starb im hohen Alter von einundneunzig Jahren und blieb immer eine Quelle der Inspiration – ein geistlicher Anker für mich und für jeden, dessen Leben sie berührte.

Als wir zusammen an unserem Buch *Die Kraft des positiven Führens*[1] arbeiteten, sagte Norman Vincent Peale einmal zu mir: »Gott hatte dich schon immer in seiner Mannschaft, Ken. Dir paßte nur bisher das Trikot noch nicht.« Bob, Phil, Bill und Norman haben unendlich viel dazu beigetragen, daß ich die passende Kleidung gefunden habe. In diesem kleinen Büchlein werde ich von ihnen erzählen.

Am Heiligen Abend des vergangenen Jahres starb Norman Vincent Peale im Alter von fünfundneunzig Jahren. Er war zu Hause, umgeben von Liebe, Frieden und zärtlicher Fürsorge. Norman verdiente nichts weniger. Sein positives Denken bedeutete viel für mein Leben und für das vieler Menschen, die grundlegend geprägt wurden durch seine Predigten, Vorträge, Radiosendungen, Fernsehauftritte und Bücher. Er, dessen ganzes Leben das eines geliebten Menschen war, hat die Fertigstellung dieses Buches nicht mehr erleben können.

Einführung

Vor einigen Jahren begann ich, in meinen Vorlesungen und Managementseminaren verstärkt darauf hinzuweisen, wie wichtig Selbstachtung im heutigen Arbeitsleben ist. Mir wurde nämlich zunehmend klarer, daß in einer Welt, in der immer höhere Arbeitsleistungen gefordert werden, der Manager deshalb eher motivieren, unterstützen und ermutigen sollte, als urteilen, kritisieren und bewerten, wie das bisher Usus gewesen war. Ich erkannte jedoch, daß ein Mensch dieser neuen Aufgabenstellung unmöglich gerecht werden kann, wenn er sich ihr nicht gewachsen fühlt. Ich fragte mich, ob ein effektiver Führungsstil nicht grundsätzlich im Innern entspringt und nach außen strahlt. Letzten Endes können nur Menschen, die sich selbst wirklich mögen, andere aufbauen, ohne dabei das Gefühl zu haben, ein Stück von sich aufgeben zu müssen.

Gleichzeitig mit meinem plötzlichen Interesse an der Selbstachtung stellte sich ein neues spirituelles Bedürfnis ein. Beim Blick auf mein eigenes geistliches Leben spürte ich, daß der schnellste und wirkungsvollste Weg zu einer merklich stärkeren Selbstachtung und zu einem liebevolleren Wesen ein geistliches Erwachen sein könnte.

Ich spreche von »Erwachen«, weil ich inzwischen glaube, daß wir alle nach unserer Geburt einer Amnesie, einer Art Gedächtnisverlust erliegen. Wir vergessen allmählich, woher wir gekommen sind. Wir verlieren die Verbindung zu unserem Heimathafen. Neulich las ich eine wunderschöne Geschichte über ein kleines Mädchen namens Sachi[2]. Es ging darin um eben dieses Vergessen. Bald nach der Geburt ihres Bruders bat die kleine Sachi ihre Eltern immer wieder, sie doch einmal mit dem Baby allein zu lassen. Doch die Eltern fürchteten, daß sie wie die meisten Vierjährigen eifersüchtig sei und das Neugeborene schlagen oder schütteln wolle. Deshalb erfüllten sie Sachis Wunsch nicht. Für Eifersucht gab es aber keine Anzeichen. Sachi ging mit dem Baby liebevoll um, und ihre Bitten, einmal allein mit ihm sein zu dürfen, wurden immer drängender. Schließlich gaben die Eltern nach.

Freudig erregt ging Sachi ins Kinderzimmer und lehnte die Tür an. Doch ein kleiner Spalt blieb offen – genug für die neugierigen Eltern, hineinzuspähen und zu lauschen. Sie sahen, wie die kleine Sachi ruhig zum Brüderchen ging, sich seinem Gesicht näherte und leise sagte: »Baby, erzähl mir doch, wie Gott sich anfühlt. Ich hab's schon fast vergessen.«

Wir benötigen unterschiedlich viel Zeit, um wieder nach Hause zu kommen und uns zu erinnern, daß wir aus bester Familie stammen und uns der bedingungslosen Liebe des Vaters, des Hausherrn, sicher sein können.

Dieses Buch soll niemanden dazu überreden, an Gott zu glauben. Ich bin überzeugt, die meisten Menschen glauben an Gott. Nicht an den Schöpfer zu glauben, ist etwa so sinnvoll wie die Behauptung, die Gesamtausgabe eines Wörterbuchs sei das Ergebnis einer Explosion in der Druckerei. Ich hoffe allerdings, dem fortschreitenden Vergessen Einhalt zu gebieten und Ihre Erinnerung daran aufzufrischen, was Sie einst in kindlicher Unschuld wußten: daß es etwas gibt, das größer ist als wir und unserem Leben einen göttlichen Sinn verleiht. Der erste notwendige Schritt auf jeder geistlichen Reise ist das Heimweh, die Sehnsucht, mit Gott wieder Verbindung aufzunehmen.

Vornehmlich geht es in diesem Buch darum, »die passende Kleidung zu wählen« – sich bewußt und vertrauensvoll auf die bedingungslose Liebe Gottes einzulassen. Wenn man Sport treibt, bereitet man sich auf das Spiel gut vor. Hat man das Mannschaftstrikot übergestreift, wird man zwar vielleicht nicht sofort auf das Spielfeld geschickt, aber man hält sich für das Signal des Trainers bereit. Auf meinen vielen Reisen habe ich festgestellt, daß die meisten Menschen heutzutage unruhig und ungeduldig darauf warten, »eingewechselt« zu werden und endlich den tieferen Sinn ihres Lebens zu erkennen. Sie wissen nur nicht, wo sie damit anfangen sollen.

Statt Ihnen vorzuschreiben, was Sie tun sollen, möchte ich einfach davon erzählen, was aus meiner Sicht ein ziemlich guter »Deal« ist. Er beantwortet auch für immer die Frage nach der Selbstachtung, denn er birgt die Erkenntnis, daß die Liebe Gottes alles enthält, auf was wir angewiesen sind. Weder unser Ringen um Anerkennung noch immer größere Leistungen werden uns mehr Liebe und Akzeptanz verschaffen, als wir ohnehin schon haben.

Darum habe ich diesem Buch den Titel »Erfolg und Erfüllung« gegeben – denn in Gottes Liebe finden wir abseits unseres täglichen erfolgreichen Handelns unsere Erfüllung. Wir werden bereits geliebt, ohne Wenn und Aber. Und selbst wenn wir zu dem Entschluß kommen, Gottes Liebe nicht annehmen zu können, werden wir trotzdem von ihm geliebt. Wir bringen uns allerdings um den wichtigsten »Mannschaftskameraden«, den es überhaupt gibt.

Dieser »Deal« ist auch deshalb so gut, weil damit unsere Sehnsucht nach dem Sinn und Ziel unseres Lebens gestillt wird. Unserem Alltag wird eine neue Qualität verliehen, auf die wir heutzutage meiner Meinung nach dringend angewiesen sind – das Gefühl, wir seien der Held einer großen Abenteuerfahrt, auf der das Leben – geistlich gesehen – zum Ritt auf dem fliegenden Teppich wird.

Dieses kleine Büchlein schrieb ich ursprünglich an Weihnachten 1993 als Geschenk für die wichtigsten Menschen in meinem Leben – für meine Familie und Freunde. Auf ihr Drängen hin erklärte ich mich bereit, von meiner geistlichen Reise ausführlicher zu berichten. Ich erzähle diese Geschichte nicht, weil ich sie für etwas Außergewöhnliches halte. Eigentlich bin ich ja immer noch unterwegs und muß noch vieles lernen. Manchmal lehren wir genau das, was wir selbst am dringendsten lernen müssen. Ich mußte dieses Buch ebenso sehr für mich wie für Sie schreiben.

Es geht mir wie dem Rabbi, der in eine Stadt voller Korruption und Unredlichkeit zog[3]. Jeden Tag lief er durch die Straßen der Stadt und rief immer wieder: »Tut Buße! Kehrt um von euren Sünden. Tut Buße! Kehrt um von euren Sünden.« Aus Tagen wurden Wochen, aus Wochen Monate und aus Monaten Jahre. Tag für Tag hörte man den Rabbi mit seinem Aufruf. Schließlich fragte ihn eines Tages ein Freund: »Niemand hört dir zu, und jeder lacht dich aus; warum hörst du nicht damit auf?«

Der Rabbi antwortete ohne Zögern: »Als ich das erste Mal hierher kam, träumte ich von einer Stadt, die sich Gott zuwendet. Ich hatte die Vision einer Stadt im Wandel. Das geschah nicht. Also laufe ich heute rufend durch die Straßen, damit die Stadt nicht mich ändert.«

In diesem Buch mache ich mir Gedanken über Gottes bedingungslose Liebe. Ich hoffe, es läßt Sie ebenfalls darüber nachdenken, diese Liebe anzunehmen und außerdem jene Selbstachtung, Kraft und Freiheit, die damit einhergeht. Sollte es aber nicht dazu kommen, so hat das Buch doch einen Wert.

Ich selbst brauche immer wieder diese Botschaft.

Ken Blanchard

Erfolg & Erfüllung

Meine Reise

*So übergroß war die Gnade unseres Herrn,
die mir in Christus Jesus den Glauben
und die Liebe schenkte.*

1 Tim 1,14

Ich bin in New Rochelle im Staat New York aufgewachsen. Bob Hartley war Pastor der *First Presbyterian Church*, die meine Eltern besuchten, und sein Dienst hatte einen solch starken Einfluß auf sie, daß ich bei meiner Geburt Hartley als zweiten Vornamen erhielt. Ich habe Bob Hartley nicht mehr kennengelernt; er starb an einem Herzinfarkt, als ich fünf Jahre alt war. Später aber erfuhr ich, daß er der Kommilitone meines Koautors und Freundes Norman Vincent Peale auf dem Theologischen Seminar gewesen war.

Im Laufe der Jahre hat mir meine Mutter immer wieder eine Geschichte über Bob Hartley erzählt, die einen Eindruck von seiner Persönlichkeit vermittelt. Zum besseren Verständnis dieser Begebenheit sei gesagt, daß mein Vater die Marineschule von

Annapolis in Maryland besuchte. Als er 1924 seinen Abschluß machte, mußte er feststellen, daß der Bedarf an Marineoffizieren in diesen Jahren gering war – hatte die Welt doch vermeintlich gerade den Krieg gefochten, »der alle Kriege beenden sollte«. Nach seinem Ausscheiden aus dem Dienst schrieb er sich an der *Harvard Business School* ein, wo er das Fach Finanzwirtschaft belegte. Schließlich erhielt er eine Beschäftigung in New York. Zu Beginn der vierziger Jahre war er heißer Anwärter für die Vizepräsidentschaft der *National City Bank*, als er eines Tages nach Hause kam und meiner Mutter mitteilte: »Weißt du was, Schatz, ich habe heute gekündigt.«

»Was hast du gemacht?« rief meine Mutter aus.

»Ich habe gekündigt«, sagte Vater. »Als wir geheiratet haben, sagte ich dir doch, daß ich mich unserem Land verpflichtet fühlen würde, sollte es jemals in Schwierigkeiten geraten. Hitler ist eine Bedrohung für den Weltfrieden, und es ist nur eine Frage der Zeit, bis Japan sich einmischt. Ich habe mich also wieder bei der Marine gemeldet.«

Für meine Mutter war das ein großer Schock. Gerade erst hatte Vater angefangen, anständig zu verdienen, und nun wollte er freiwillig mit dem Leutnantsgehalt vorliebnehmen. Doch Mutter fand sich damit ab.

Trotz seines Tatendrangs wurde Vater zunächst dem Marinestützpunkt von Brooklyn zugeteilt. Pearl Harbor wurde überfallen, aber niemand löste ihn ab. Als es ganz danach aussah, als wolle man ihn für die Dauer des Krieges auf das Trockendock legen, rief er einen früheren Klassenkameraden an, der das Personalbüro der Marine in der Hauptstadt Washington leitete. Er fragte ihn, was er einem »Oldtimer« ohne Erfahrung zu bieten hätte. Eine Woche darauf rief ihn sein Freund zurück. »Ted, für jemanden mit deinem Werdegang habe ich nichts anderes als ein Selbstmordkommando für die Marshall-Inseln.«

Mein Vater griff sofort zu – natürlich ohne meine Mutter einzuweihen. Man übertrug ihm das Kommando über zwölf Landungsboote, die nur über kleine Geschütze zur Selbstverteidigung verfügten. Dabei waren Vaters Einheiten verantwortlich für den Schutz der Marinesoldaten und Taucher, die auf die von den Japanern besetzten Inselstrände vordringen sollten. Mit der Einschätzung als Selbstmordkommando hatte sein Freund recht gehabt; es handelte sich um eine der verwundbarsten Stellungen im ganzen Krieg. Seine Schiffe waren so dicht am Strand, daß siebzig Prozent seiner Soldaten fielen oder verwundet wurden. Einmal erschien Vaters Foto im *Time-Magazine*; es zeigte ihn beim Trauergottesdienst für einige seiner Männer, die kurz nach dem Verlassen der Schlachtschiffe ins Geschützfeuer geraten waren.

Als die Boote meines Vaters nach Saipan beordert wurden, wo man die größte Schlacht im Pazifik erwartete, schrieb er an Mutters ältesten Bruder Fred: »Meine Chancen, mit heiler Haut davonzukommen, sind sehr gering. Ich weiß, wenn mir irgend etwas zustößt, wirst du dich um Dorothy und die Kinder kümmern.« An meine Mutter schrieb er einen zweiten Brief, in dem er ihr mitteilte: »Bei unseren Manövern hier klappt alles gut. Das einzige Problem, das uns zu schaffen macht, ist die Hitze.«

Durch einen merkwürdigen, aber schicksalhaften Zufall vertauschte Vater die beiden Briefe. Mein Onkel bekam Mutters »Manöverbericht«, und sie erhielt die Nachricht von den geringen Überlebenschancen meines Vaters. Verzweifelt lief sie ans Telefon und rief Pastor Hartley an. Zehn Minuten nach diesem Anruf war er an unserer Haustür und lächelte strahlend.

»Was für ein Segen!« rief er.

Mutter dachte, der Pastor sei verrückt geworden. »Was soll das heißen?«

»Es ist ein Zeichen von Gott, daß Ted nichts passieren wird«, erklärte er ihr. »Daß die Briefe vertauscht wurden, soll uns sagen, daß wir zu selbstgefällig geworden sind und nicht genug gebetet haben.«

Als ich diese Geschichte Norman Vincent Peale erzählte, meinte er: »Wenn das keine gute Predigt war!« Ob gute Predigt oder einfach genug Gebet – es wirkte, denn Vater kam sicher und gesund nach Hause zurück.

Kurz nach dem Krieg starb Bob Hartley. Wir blieben in der *First Presbyterian Church*, bis ich in die erste Klasse der High-School kam. Dann wechselten wir zur *First Methodist Church*, wo der Vater eines Klassenkameraden Pastor war, Harrison Davis. Er predigte nicht nur gut, sondern war auch ein wundervoller Mensch.

Während der High-School war ich ein eifriger Kirchgänger und in der Jugendgruppe aktiv. Dann kam ich auf ein College in Cornell. Die Universität mischte sich in die religiösen Angelegenheiten der Studenten nicht ein, und der Glaube wurde mir allmählich fremd. Da mich Studium und andere lebhafte Aktivitäten auf dem Campus in Anspruch nahmen, fand ich in Ithaca eigentlich nie eine Gemeinde, deren Besuch mir lohnenswert erschien.

Im Sommer nach meinem Abschluß begann ich, mit Margie McKee auszugehen. Wir jobbten beide in der Gegend von Ithaca. Margie hatte sich mit vielen guten Freunden von mir getroffen, und alle versicherten mir, sie wäre etwas »ganz Tolles«. Tatsächlich verabredete ich mich das erste Mal mit ihr, um einem Freund einen Gefallen zu tun. Er machte sich Gedanken, daß sie sich einsam fühlen könnte.

Margie hatte als Hauptfach Sprechtherapie belegt und arbeitete in einem speziellen Ferienlager für behinderte Kinder. Als ich sie abholte, sagte ich: »Erzähl doch mal, was du hier draußen so machst.« Sie sprach mit so viel Liebe und Mitgefühl von ihrer Arbeit mit diesen Kindern, daß ich mich schon auf der sieben Meilen langen Fahrt in die Stadt in sie verliebte. Nach diesem Abend überlegte ich mir bereits, wie ich meinem Freund die »schlechte Nachricht« möglichst schonend beibringen könnte. Margie und ich heirateten ein Jahr später nach ihrem Abschluß in Cornell. Mein Freund gab seinem ersten Kind übrigens später den Namen Ken. Er hat es also gut überstanden.

Im ersten Jahr unserer Ehe wohnten Margie und ich in Hamilton im Staat New York. Dort schrieb ich meine Doktorarbeit, und Margie arbeitete als Sprechtherapeutin für die Schulen im Madison County. Als wir im Jahr darauf wegen meiner Promotion und Margies Abschluß nach Cornell zurückkehrten, lernten wir den fabelhaften, jungen Pastor der *First Presbyterian Church* in Ithaca kennen. Er hieß Paul Clark. Er begeisterte uns wieder für das Gemeindeleben, und wir boten sogar freiwillig Kurse für die jüngeren Schüler der High-School an.

1966 ging es zur Universität von Ohio in Athens. Ich trat dort am College für Wirtschaftsverwaltung meine erste Stelle als Verwaltungsassistent des Dekans an. Unser Sohn Scott war noch ein kleines Baby, als Margie bereits mit Debbie schwanger war. In Athens lernten wir an der dortigen Methodistenkirche einen wunderbaren Pastor kennen und nahmen aktiv an der Gemeindearbeit teil.

Es war die Zeit der späten sechziger Jahre, die Zeit der Studentenunruhen. Die Geschehnisse an der staatlichen Universität von Kent spielten sich praktisch in der Nachbarschaft ab. Wir hatten ein kleines, enttäuschendes Erlebnis, das so recht in die Zeit paßte. Unser Freund und Pastor sympathisierte mit den Studenten; er marschierte an der Spitze aller Protestdemonstrationen. Das konnte bei seiner konservativen Gemeinde im Südosten von Ohio nicht gutgehen. Er wurde auf eine Weise gefeuert, die uns höchst unchristlich erschien.

Zorn und Enttäuschung waren in uns die vorherrschenden Gefühle. Wir dachten: »Wenn es in der Kirche so zugeht, dann können wir sie getrost vergessen.« Wir traten aus. Wie viele andere gingen wir nur noch zu Weihnachten und Ostern hin, fünfzehn Jahre lang.

In dieser Zeit spielte der Glaube in unserem Familienleben in Ohio keine besondere Rolle – leider, waren es doch die Jahre, in denen Scott und Debbie für ihr Leben geprägt wurden. In diesem Bereich änderte sich auch nichts, als wir 1970 nach Amherst in Massachusetts zogen. Ich hatte an der dortigen Universität einen Lehrauftrag, und Margie arbeitete an ihrer Dissertation in Kommunikationswissenschaft. Nach einigen Jahren zogen wir für ein Urlaubssemester nach San Diego um. Ein paar Monate im sonnigen Kalifornien genügten, und uns wurde klar, daß der Sommer in Massachusetts eigentlich nur eine vierzehntägige Erholung vom Schlittschuhlaufen ist. Wir entschlossen uns also, an der

Westküste zu bleiben, und gründeten unsere eigene Firma. 1979 fiel der Startschuß für *Blanchard Training and Development, Inc.*

Kurze Zeit später entstand das Buch *Der Minuten-Manager*[4]. Mein Koautor Spencer Johnson und ich begegneten uns im November 1980 auf einer Cocktail-Party. Margie hatte ihn bereits vorher kennengelernt und machte uns miteinander bekannt.

Spencer verfaßte gerade gemeinsam mit einem Psychiater ein Buch, das darüber informierte, wie man die richtige Erziehung von Kindern in sehr kurzer Zeit lernen könne. Als er seine Erziehungsmethoden schilderte, erzählte ich ihm, daß ich schon seit Jahren auf die gleiche Art Manager unterrichtete.

Ich lud ihn für den darauffolgenden Montag zu einem Seminar nach San Diego ein. Er kam, nahm ganz hinten Platz und hörte den ganzen Tag nicht mehr auf zu lachen. Am Ende des Seminars lief er auf mich zu und sagte: »Erziehung ade! Machen wir was für Manager.« Das war die Geburtsstunde des *Minuten-Managers*.

Am letzten Tag des Jahres stellten wir in einem Wohnmobil auf dem Weg zur Silvesterfeier einen ersten Lese-Entwurf fertig. Der *Minuten-Manager* erschien im Mai 1981 im Selbstverlag; noch im gleichen Monat stellten wir das Buch auf dem Treffen der *National Restaurant Association* in Chicago vor. Dick Gaven, mein Freund und Vereinskollege, war Fortbildungsleiter des Verbandes und nahm uns in die Tagesordnung auf. In den ersten zwanzig Minuten nach der Sitzung hatten wir an Ort und Stelle schon fast tausend Exemplare verkauft. Im Laufe des nächsten Jahres setzten wir ohne nennenswerte Werbung zwanzigtausend Stück ab, vor allem an die Kunden unserer Firma.

Als Spencer und unsere Buchagentin Margaret McBride im Januar 1982 auf einigen Konferenzen in New York sprachen, konnten sie das Interesse vieler Verleger an unserem Buch vermerken. Zwei Wochen nach der Veröffentlichung im *William-Morrow*-Verlag im September plazierte sich der Titel auf der Bestsellerliste der *New York Times*, wo er die nächsten drei Jahre einen Stammplatz hatte.

Ein paar Monate nach der Veröffentlichung bekam ich einen Anruf von Phil Hodges, einem langjährigen Freund aus alten Collegezeiten, der wissen wollte, ob ich Lust auf einen Strandspaziergang hätte. Phil war leitender Angestellter in der Personalabteilung von *Xerox* und zuständig für den Bereich Los Angeles. Unterwegs am Strand fragte Phil:

»Ken, was glaubst du, warum der *Minuten-Manager* solch ein Renner ist? Etwa, weil du besser schreibst als alle anderen oder viel klüger bist?«

Ich sagte: »Nein, Hodge, damit hat es überhaupt nichts zu tun. Ich habe lange darüber nachgedacht. Ich glaube, Gott wollte, daß dieses Buch erschien, und er griff einfach auf Spencer und mich zurück. Wenn ich mich in die Situation hineinversetze und das Buch lese, kann ich mich nicht einmal erinnern, gewisse Stellen geschrieben zu haben. Das Buch ist irgendwie von selbst entstanden.«

Phil lachte. »Auf so eine Einstellung habe ich gehofft.«

Dieses Treffen mit Phil Hodges war der Punkt, an dem ich meine geistliche Reise wieder aufnahm, die damals in zartem Alter begonnen hatte, als meine Eltern mich zur Kirche mitnahmen. Später rief Phil mich regelmäßig an und schickte mir Texte zum Lesen, die mir Anregungen boten, meine Beziehung zu Jesus Christus zu überdenken.

1985 erhielt die Reise einen kräftigen Schub, als Margie und ich Bob und Linda Buford kennenlernten. Bob gehörte zur *Young Presidents Organization* (YPO). Um in dieser Organisation Mitglied werden zu können, muß man es vor dem vierzigsten Lebensjahr zum Vorsitzenden eines Unternehmens gebracht haben. Bedingung ist, daß diese Firma einen Mindestumsatz von fünf Millionen Dollar erwirtschaftet und wenigstens fünfzig Mitarbeiter beschäftigt. Ich war Bob zuvor flüchtig bei einigen YPO-Treffen begegnet, bei denen Margie und ich Vorträge halten sollten. Ich wußte also von seinem persönlichen Engagement für die Pastoren großer Gemeinden. Außerdem machte er sich als spezieller Berater vieler leitender Manager verdient.

Auf dem Weg zu einer YPO-Konferenz in Mexico City begegneten wir den Bufords vor dem Abflug auf dem Flughafen von Dallas. Als wir ins Flugzeug stiegen, stellte ich fest, daß Bob direkt auf der anderen Seite des Ganges saß. Zuvor war mir unter den Papieren in meiner Brieftasche ein kleines Heft über die geistlichen Gesetze des Christentums aufgefallen. Phil Hodges hatte es mir zugesteckt. Es gehörte zum Sonntagsschulmaterial seiner Tochter Lee Anne. Ich erinnerte mich nicht, es in die Brieftasche gelegt zu haben, doch nun war es da. Mit Bob Buford als Sitznachbar sprach ich dem Fund eine neue Bedeutung zu.

Ich sagte: »Bob, dieses Heft muß aus irgend einem Grund in meiner Brieftasche stecken. Vielleicht bedeutet es, daß wir über das Christentum reden sollen. Ich würde dir gern ein paar Fragen dazu stellen.«

»Ich tue mein möglichstes, Ken«, erwiderte Bob. »Aber denk daran, ich bin nur Laie.«

Dort oben am Himmel gingen wir also gemeinsam das Heft durch. Das erste geistliche Gesetz lautete: »Gott liebt dich und bietet dir einen wunderbaren Plan für dein Leben.«

Das leuchtete mir ein, aber beim zweiten Gesetz begann ich nachzuhaken. Hier wurde behauptet, wir alle seien Sünder. Das hatte mich schon immer gestört. Aus meiner Sicht war die Vorstellung von der Erbsünde zu negativ. Ich hatte mir immer vorgestellt, daß man dem Menschen ein gewisses »Grundpotential« zugestehen solle. Das heißt, als menschliche Wesen haben wir die Fähigkeit sowohl zum Guten als auch zum Bösen.

Als ich Bob auf die Erbsünde ansprach, sagte er: »Ich will dir mal eine Frage stellen. Glaubst du, daß du so gut bist wie Gott?«

»Natürlich nicht«, antwortete ich. »Die Vorstellung von Gott hat etwas mit Vollkommenheit zu tun.«

»Okay. Geben wir Gott auf einer Skala von 0 bis 100 eine Hundert. Mutter Teresa bekommt eine

Neunzig, der Mörder mit der Axt die Fünf. Ken, du bist ein anständiger Kerl, der versucht, seinen Mitmenschen zu helfen. Ich gebe dir fünfundsiebzig Punkte. Das Besondere am Christentum ist nun, daß Gott Jesus Christus auf die Welt gesandt hat, um die Differenz zwischen dir und der Hundert zu begleichen.«

Diese Aussage gefiel mir. Ich hatte bisher nie gehört, daß man das Christentum so erklären könne.

»Vielen ist allerdings der Gedanke unsympathisch, daß der Axtmörder dieselbe Chance bekommt wie Mutter Teresa«, fuhr Bob fort, »aber genau darum geht es bei der Gnade. Sie hat nichts mit guten Taten zu tun. Wenn du Jesus Christus als deinen Erlöser anerkennst, ganz egal, was du dir früher geleistet hast, befreit er dich von deinen Sünden und bringt dich der Hundert näher.«

Bis zur Landung löcherte ich Bob mit meinen Fragen. Als wir in Mexico City von Bord gingen, sagte Bob: »Ich habe einen Freund, den du kennenlernen solltest. Er kann dir viel besser Rede und Antwort stehen als ich. Er heißt Bill Hybels und ist Pastor der *Willow Creek Community Church*, einer Gemeinde am Stadtrand von Chicago, die im Rekordtempo wächst. Und noch eins: Er hält auf unserer

Konferenz einen Vortrag. Wenn es dir paßt, sorge ich dafür, daß ihr gemeinsam zu Mittag eßt.«

Bill Hybels und ich trafen uns am Mittagstisch. Später beschrieb er unser Gespräch in seinem anregenden Buch *Seven Wonders of the Spiritual World*[5]. Ich stellte ihm die gleiche Frage wie zuvor Bob Buford: »Warum die Erbsünde? Diese Vorstellung ist doch viel zu negativ.«

Bill sagte: »Ken, lassen Sie mich Ihnen den Unterschied zwischen dem Christentum und einer Religion erklären. Der wichtigste Punkt ist ihr unterschiedliches Selbstverständnis. In der Religion geht es darum, was man tun muß, um sich Gottes Gunst zu verdienen. Das heißt, hier wird alles mögliche gefordert, um Gott gnädig zu stimmen. Welcher neue Anfang ist zu machen? Was ist die nächste Verpflichtung, die man sich auferlegen muß, um Gott gerecht zu werden? Das Problem der Religion und ihrer ›Du mußt‹-Philosophie liegt darin, daß die meisten Menschen aufgeben, weil sie niemals wissen, wann es endlich genug ist. Nehmen wir an, man leistet zweitausendfünfhundert gute Taten im Leben. Dann naht der Tag des Gerichts, und Gott sagt: ›Gar nicht mal so schlecht, aber nötig gewesen wären dreitausend.‹«

Und Bill fuhr fort: »Im Christentum geht es um ein Angebot, mit dem Gott seinen Sohn auf die Erde sandte. Man kann niemals genug leisten oder genügend gute Taten tun, um sich den Himmel zu verdienen. Man bekommt nur Zugang, wenn man eingesteht, ein Sünder zu sein – nach Bob Bufords Rechnung also keine hundert Punkte erreicht hat – und Jesus Christus als seinen Erlöser anerkennt. Er ist der einzige, der deine Vergangenheit reinigen kann. Auf eigene Faust kann man das nicht schaffen.«

Bill sprach von einer persönlichen Beziehung zu Christus. Eine solche Erfahrung hatte ich nicht einmal damals gemacht, als ich noch in der Kirche aktiv gewesen war. »Er kann uns nicht nur erlösen, sondern auch durch das Leben führen und unser Freund werden. Er kann unser Leben mit Energie versorgen und es verändern.«

Mit seiner einfachen Erklärung hatte Bill den Nagel auf den Kopf getroffen. Ich war jahrelang zur Kirche gegangen, hatte aber die Botschaft der Gnade niemals mit solcher Deutlichkeit und Überzeugungskraft gehört. Alle Vorbehalte gegen die Erbsünde waren wie weggeblasen. Ich war also kein schlechter Mensch; ich entsprach einfach nicht der Vollkommenheit Gottes. Erst wenn ich Jesus Christus als meinen Erlöser willkommen hieß, konnte ich mit seiner Gnade rechnen. Damit kam ich auf die hundert Punkte – indem Gott mir meine Unvollkommenheit verzieh, brachte er unsere Beziehung in Ordnung.

Als ich Bill fragte, wie ich in den Genuß dieser Gnade kommen könne, sagte er: »Das ist für einen ›Minuten-Manager‹ ganz einfach. Sie brauchen nur zu sagen: ›Herr, ich kann mich nicht selbst erlösen. Ich nehme Jesus Christus als meinen Erlöser und als Brücke zwischen mir und dir an. Ab heute soll er über mein Leben bestimmen.‹«

Bei aller Aufregung – mein Adrenalinspiegel war merklich gestiegen – zögerte ich, voll darauf anzuspringen. Das spürte auch Bill. Ich gestand ihm meine Bedenken, mich Jesus Christus gegenüber zu verpflichten, weil ich Angst hätte, nicht durchhalten zu können. »Ich versage bestimmt.«

Bill nahm einen Stift und schrieb die Worte »verpflichten« und »durchhalten« auf eine Papierserviette. Dann sagte er: »Vergessen Sie bitte diese beiden Begriffe. Wenn man ein Christ wird, geht man keine Verpflichtung ein, die man durchhalten muß. Gott selbst weiß, daß Sie Ihr Versprechen nicht einhalten können. Gott weiß, daß Sie nicht durchhalten werden. Im Christentum geht es um zwei ganz andere Begriffe: Annahme und Vertrauen. Paulus sagt: ›Denn der Lohn der Sünde ist der Tod, die Gabe Gottes aber ist das ewige Leben in Christus Jesus, unserem Herrn‹« (Röm 6,23).

»Was ist eigentlich eine Gabe?« fragte Bill.

Ich antwortete: »Etwas, das man bekommt.«

»Stimmt«, bestätigte er. »Erlösung, Regeneration, ein neuer Anfang und die Vergebung der Sünden sind Gaben, die man nur empfangen kann. Wenn wir erst einmal Gnade und Vergebung geschenkt bekommen haben, dann gehören sie uns auch. Mit dem nächsten Schritt spricht man Gott Vertrauen aus: ›Ich weiß nicht genau, was es für mich bedeutet und in welche Richtung es jetzt mit mir geht, aber ich vertraue dir jeden Schritt auf diesem Weg an und lasse mich überraschen.‹«

Mein Essen mit Bill ließ mich gründlich über das Christentum nachdenken. Ich war aber immer noch nicht bereit, »mir das Trikot überzustreifen«, wie Norman Vincent Peale es nennt. Ich war einfach noch nicht willens, mir mein Leben aus der Hand nehmen zu lassen und es Gott zur Verfügung zu stellen.

Nach unserem gemeinsamen Mittagessen lächelte Bill mir jedesmal zu, wenn wir uns auf der Konferenz trafen, und sagte: »Annehmen und vertrauen.«

Es fällt uns Menschen schwer, ganz und gar loszulassen. Wir meinen, alles selbst planen zu können. Ich hörte nicht auf, über die Gespräche mit Bob und Bill nachzugrübeln, aber erst ein Jahr später erkannte ich, daß es Zeit war, mich darauf einzulassen.

In der Zwischenzeit hatten Margie und ich die Leitung unseres Unternehmens an jemanden übertragen, der über mehr Erfahrung im Wirtschaftsleben verfügte als wir. Er war der Ansicht, daß er unsere Firma vorwärtsbringen könne. Es stellte sich aber heraus, daß wir in grundsätzlichen Angelegenheiten nicht immer eine Meinung vertraten. Wir gaben uns zwar Mühe, seinen Standpunkt zu verstehen, aber es gelang uns nicht. Er stand unter einem starken Kontrollzwang und unterwarf fast alle Entscheidungen seinem »Alles-oder-Nichts-Denken«. Seine Methoden hätten in einem anderen Unternehmen vielleicht angemessen sein können. Auf unsere Firma aber wirkten sie sich katastrophal aus.

Margie und ich taten alles, diesen Konflikt zu bereinigen, doch jeder Versuch scheiterte. Uns wurde klar, daß es nicht so einfach funktionierte. Schlimmer noch, ich fühlte mich machtlos, etwas daran zu ändern.

Eines Abends trafen Margie und ich uns in einem Restaurant, um unsere Möglichkeiten zu sondieren.

Im Laufe des Tages war mir ein Gespräch mit Bill Hybels in den Sinn gekommen. Wir hatten uns einmal über meine Beratertätigkeit unterhalten. Bei dieser Arbeit geht es darum, der Geschäftsführung bei der Lösung heikler Probleme zu helfen, die im jeweiligen Unternehmen auftreten. Bill hatte angemerkt: „Ken, eigentlich verstehe ich nicht, warum Sie nicht die Gnade Gottes als Geschenk annehmen wollen. Wenn Sie das nämlich tun, dann bekommen Sie als Mitarbeiter drei Spitzenberater: den Vater als Vorsitzenden, den Sohn als gutes Vorbild und den Heiligen Geist als Geschäftsführer für die tägliche Arbeit. Wenn Sie zu Gott beten und Jesus Christus als Ihren Erlöser anerkennen, dann springt der Heilige Geist für Sie ein und führt Sie mit sicherer Hand aus jeder Sackgasse. Drei Berater auf einmal: kein schlechtes Geschäft für das Unternehmen Blanchard.«

Kurz vor dem Essen mit Margie kam mir nun der Gedanke: »Warum versuche ich bloß, alles auf eigene Faust zu lösen?« Plötzlich wußte ich, was der nächste Schritt war. Ich verspürte ein Gefühl ungeheurer Erleichterung. »Gott«, sagte ich, »ich kann mich nicht selbst erlösen. Ich werde mit diesen Problemen nicht ohne deine Hilfe fertig. Ich gebe zu, daß ich dich brauche. Ich gestehe meine Verwundbarkeit ein. Ich möchte Jesus Christus als meinen Erlöser und als Brücke zwischen dir und mir anerkennen.« Kaum waren die Worte ausgesprochen, da verspürte ich einen tiefen Frieden.

Unter dem Eindruck dieses Gefühls ging ich zum Restaurant, wo ich Margie traf. Sie blickte mich kurz an und fragte: »Was ist denn mit dir los? Du wirkst so entspannt und ruhig.« Da erzählte ich ihr von meiner Entscheidung: auf Gott vertrauen zu wollen, mir das nötige Wissen und die Kraft zu geben, mit dem Problem in Gestalt unseres Geschäftsführers fertig zu werden. Später rief ich Bill Hybels an und sprach ihm auf seinen Anrufbeantworter, daß ich mein Leben Jesus Christus anvertraut hatte.

Nun würde ich gern berichten, daß Gott dieses Unternehmensproblem mit einer wunderwirkenden Geste löste. Das aber geschah nicht, und ich habe seither erfahren, daß so etwas nur selten vorkommt. Und doch glaube ich, daß er mich an der Hand nahm, als ich ein paar Tage später an einem Treffen der *American Society for Training and Development* teilnahm. Tom Crum, ein Freund und Kollege, hielt den Vortrag. Tom ist Autor des Buches *The Magic of Conflict*[6] und dazu Experte in Aikido, einer fernöstlichen Selbstverteidigungstechnik. Mit deren Hilfe lernt man, den Gegner mit dessen eigener Energie zu besiegen. Tom konnte uns zeigen, wie man einen Angriff wirkungslos abprallen läßt, indem man andere Mittel als direkten Widerstand anwendet. Das gelang ihm mit seiner dynamischen Vorführung und der Methode, es alle Teilnehmer einmal selbst versuchen zu lassen.

»Sollte Ihnen jemand einen Schlag versetzen«, sagte Tom, »dann versuchen Sie nicht dagegenzuhalten. Damit würden Sie Widerstand leisten und Ihre eigene Kraft gegen die des Angreifers einsetzen. Das führt zur Konfrontation, bei der einer gewinnt und der andere verliert.« Tom zeigte, wie man mit einer zurückweichenden und drehenden Bewegung beiseite treten und die Energie des Angreifers nutzen konnte, um ihn mit einem Wurf zu Fall zu bringen oder anders unschädlich zu machen. Tom zufolge ist der Schlüssel dazu der Lernprozeß, sich zu sammeln, Geist und Körper zu entspannen, gleichzeitig aber auf der Hut zu sein. »Stelle dich nie einem schnellen Zug in den Weg«, erklärte er. »Wenn jemand wütend auf dich zukommt, trete zurück und versuche herauszufinden, woraus seine Energie entspringt.«

Nach diesem Essen setzte ich wieder eine Zusammenkunft mit unserem Geschäftsführer an. Voll auf die Situation eingestellt, hatte ich jetzt den Mut, das Thema zur Sprache zu bringen. Ich sagte, ich wolle ihm meine Bedenken zu einigen Vorfällen der letzten Zeit vortragen. Als ich aber über diese Zwischenfälle reden wollte, ging er plötzlich in die Luft. Er schrie: »Jetzt reicht's mir aber! Allen anderen glaubt man, nur mir nicht. Das halte ich nicht mehr aus. Ich kündige!«

Wieder stellte sich diese vollkommene Ruhe in mir ein, mochte der Geschäftsführer toben, wie er wollte. Schließlich teilte ich ihm mit: »Wenn Sie bei dieser Entscheidung bleiben, dann trennen wir uns eben.« Ruhig verließ ich sein Büro. Keinen Augenblick hatte ich daran gedacht, mich auf diese Art einer überstürzten Handlung einzulassen. Indem ich das Mannschaftstrikot überstreifte, zog ich an, was Gott mir zum Schutz anbot. Damit gewann ich die Kraft, beiseite zu treten, statt die Konfrontation zu suchen. Ich konnte zugeben, daß ich mit der Beschäftigung dieses Mannes einen Fehler gemacht hatte. Mir blieb mein innerer Frieden erhalten, selbst wenn ich mit seiner Kündigung riskierte, daß die Öffentlichkeit dem »Minuten-Manager« einen

Fehlschlag vorhalten und spöttisch über ihn reden würde.

Unser Geschäftsführer hatte bis zum nächsten Tag gründlich nachgedacht und versuchte, den Streit beizulegen, doch ich blieb hart. Es war mir klar, daß er sich eine neue Beschäftigung suchen mußte.

Wiederum liegt die Versuchung nahe zu behaupten, daß Gott dieses persönliche Problem gelöst hatte, daß er mich für meine Lebensentscheidung belohnen wollte. War nicht er es gewesen, der die Zusammenkunft mit unserem Geschäftsführer zustande gebracht und dem Mann die Worte in den Mund gelegt hatte: »Ich kündige!« Ich bin allerdings zu der Erkenntnis gelangt, daß Gott so nicht wirkt. Er ist kein Weihnachtsmann, der uns einen Wunschzettel schreiben läßt, damit er uns genau das überreichen kann, was wir wollen. Vielmehr verspricht er uns etwas Besseres, wenn wir ihm unser Leben anvertrauen: daß er immer bei uns sein wird, in guten und in schlechten Zeiten.

In Gethsemane betete Jesus Christus zu seinem Vater, ihm die Qual der Kreuzigung zu ersparen. Sein Gebet wurde nicht erhört. Warum also soll ich von Gott erwarten, für mich die Personalprobleme meiner Firma zu lösen, wenn er seinen eigenen

Sohn nicht verschonen wollte? Nur, weil ich diese unangenehme Aufgabe auf ihn abschiebe?

Ich glaube, daß Gott mir statt dessen die Augen öffnete, als ich mich ihm anvertraut hatte. Die Belohnung dafür, daß ich mich seiner Mannschaft anschloß, war meine Entdeckung, nicht allein zu stehen. Ich fühlte mich geradezu gerüstet. Jetzt konnte ich dem Geschäftsführer ruhig und besonnen die Meinung sagen. Zuvor wäre ich dazu nicht in der Lage gewesen, weil ich ihm nicht gewachsen zu sein glaubte. Während des Gesprächs behauptete ich meinen Standpunkt, wohingegen ich vorher seinen Forderungen nachgegeben hätte. Bislang war es mir immer darum gegangen, den netten Menschen zu spielen. Jetzt war mir klar, daß ich bereits geliebt wurde. Dieser Liebe ließ sich nichts mehr hinzufügen, so sehr ich anderen nach dem Mund reden mochte. Gottes Liebe verschaffte mir ein Rückgrat, das sich auch als Stütze erwies, als der Geschäftsführer um eine neue Chance bat.

Der eigentliche Wandel aber bestand darin, daß ich mich der Verantwortung für meine eigene Pfuscherei stellen konnte, aber nicht selbst in den Kampf ziehen mußte. Vielleicht verdeutlicht das folgende fiktive Gespräch mit Gott, was ich meine.

Sheldon Bowles, mein guter Freund und Koautor von *Raving Fans*, verhalf mir durch die Umsetzung meiner Erfahrung mit dem Geschäftsführer in ein Zwiegespräch zu einem besseren Verständnis:

»Gott, ich habe da ein Problem ... Ich muß mir sicher sein, daß ich das Richtige tue.«

»Gut, Ken, ich bin bei dir. Du wirst schon spüren und wissen, daß es das Richtige ist.«

»Danke, Gott. Das hat mir sehr geholfen. Aber ... es ist nicht gerade einfach, dem Mann die Meinung zu sagen. Gib mir deine Kraft.«

»Kein Problem, Ken. Ich bin bei dir. Vergiß nicht, daß du zu mir gehörst, ganz gleich, was passiert. Ich bin auf deiner Seite.«

»Großartig, Gott. Aber der Mann hat gesagt, daß er kündigt. Meinem Gefühl nach muß es so sein. Darin vertraue ich dir. Trotzdem, er ist richtig wütend geworden! Ich fühle mich überhaupt nicht mehr wohl in meiner Haut. Gib mir noch etwas Kraft und Frieden für den nächsten Schritt.«

»Ich stehe immer noch hinter dir, Ken. Nimm die Kündigung an. Du bist am Zug. Nutze die Chance. Was auch geschieht, ich lasse dich nicht fallen.«

»Ich hab's getan, Gott. Er ist weg. Aber jetzt will er wiederkommen! Ganz schön hart. Ich habe mich darauf verlassen, daß es in deinen Augen richtig war. Nur ... sollte er nicht noch eine Chance bekommen? Du weißt, ich bin ja selbst nicht vollkommen. Ich bin versucht, ihn wieder auf seinen Posten zu lassen. Gib mir Mut, zu meiner Überzeugung zu stehen. Gib mir noch einmal Kraft.«

»Ich bin bei dir, Ken. Tut ganz schön weh, nicht? Aber ich bin immer noch da. Du schaffst es.«

»Danke, Gott. Das ist dein Verdienst. Er ist gegangen. Danke, daß du dafür gesorgt hast. Danke für dein Handeln.«

»Nein, Ken. Das war dein Werk. Ich habe dir nur den Rückhalt dazu gegeben. Ich hätte dich aufgehoben, wenn du umgefallen wärst. Auch dann, wenn du versagt oder das Chaos gar noch verschlimmert hättest, würde ich dich lieben. Daß du richtig entschieden hast, macht meine Liebe zu dir nicht stärker. Dir gehört schon meine ganze Liebe, Ken.«

Auch der folgende Dialog hätte sich ergeben können:

»Gott, ich habe auf mein Gefühl vertraut und ihn kündigen lassen, danach aber festgestellt, daß er seine Arbeit gar nicht so schlecht gemacht hat. Ich habe Leuten Gehör geschenkt, die mir nicht die Wahrheit über ihn gesagt haben. Ich habe einem guten Mann Unrecht getan, Gott. Tut mir leid. Ich hab's verpatzt.«

»Mir tut's auch leid, Ken. Lerne daraus. Ich bin nicht gerade glücklich über deine Unvorsichtigkeit. Aber vergiß nicht, daß ich dich liebe. Auch wenn du im Unrecht bist, liebe ich dich.«

»Das höre ich gern, Gott. Ich bin darauf angewiesen, weil ich jetzt dem Mann Abbitte leisten muß, den ich verjagt habe. Ich weiß nicht, wie ich ihm unter die Augen treten soll. Gib mir Kraft, Herr. Steh mir bei.«

»Ich bin bei dir, Ken. Du schaffst das. Du bist nicht allein. Ich komme mit. Gehen wir.«

»Noch eine Frage, Gott. Du hast gesagt, ich würde Bescheid wissen, wenn es gilt, das Richtige zu tun. Genau dieses Gefühl stellte sich ein, ich habe danach gehandelt, und dann war es doch verkehrt. Wie konnte das passieren? Warum hast du mich im Stich gelassen?«

»Ken, es geht um den freien Willen. Ich mische mich nicht direkt ein. Was hätte dein Leben für einen Sinn, wenn es anders wäre? Es stimmt, daß du deinem Gespür für die richtige Entscheidung nachgeben sollst, aber manchmal bist du nicht ehrlich zu dir selbst. Dein Ego kommt dir in die Quere. Oder du handelst vorschnell, ohne nachzudenken. Manchmal machst du es dir zu bequem. Aber vergiß nicht, ich liebe dich, ob du nun recht hast oder nicht. Wenn du vollkommen wärst, würdest du mich ersetzen. Du kannst nicht immer recht haben, aber du kannst nachdenken und aus Fehlern lernen. Suchen wir jetzt gemeinsam den Geschäftsführer auf. Dir steht nun eine große und unangenehme Entschuldigung bevor. Gar nicht einfach, aber ich weiß, daß du damit fertig wirst. Ich werde bei dir sein, wie immer.«

»Danke, Gott. Ohne dich an meiner Seite wäre das Leben die Hölle.«

»Genau, Ken. Du hast den Nagel auf den Kopf getroffen.«

Auf Kurs

*Glücklich der Mann,
der in der Versuchung standhält.
Denn wenn er sich bewährt,
wird er den Kranz des Lebens erhalten,
der denen verheißen ist,
die Gott lieben.*

Jak 1,12

Da ist die Geschichte meiner Reise. Auf diese Weise habe ich die Gnade gefunden. Ich kenne immer noch, was sie für mich bedeutet, weiß aber, daß es nichts Besseres gibt.

Paul Tillich hat mit einmal gesagt, daß man den Unterschied zwischen Gerechtigkeit, Erbarmen und Gnade erkennen muß, wenn man das Christentum und damit das Geschenk Gottes an uns Menschen schätzen lernen will. Herrscht Gerechtigkeit, bekommt man die gebührende Strafe für ein Vergehen. Beim Erbarmen fällt die Strafe nicht so hoch aus, wie man sie verdient hätte. Wird aber Gnade gewährt, hat bereits jemand anderer den Schuldspruch und damit die verdiente Bestrafung auf sich genommen. Gott liebt uns so sehr, daß er Jesus Christus opferte, seinen einzigen Sohn, um

Das ist die Geschichte meiner Reise; auf diese Weise habe ich die Gnade gefunden. Ich lerne immer noch, was sie für mich bedeutet, weiß aber, daß es nichts Besseres gibt.

Phil Hodges hat mir einmal gesagt, daß man den Unterschied zwischen Gerechtigkeit, Erbarmen und Gnade erkennen muß, wenn man das Christentum und damit das Geschenk Gottes an uns Menschen schätzen lernen will. Herrscht Gerechtigkeit, bekommt man die gebührende Strafe für ein Verbrechen. Beim Erbarmen fällt die Strafe nicht so hoch aus, wie man sie verdient hätte. Wird aber Gnade gewährt, hat bereits jemand anderer den Schuldspruch und damit die verdiente Bestrafung auf sich genommen. Gott liebt uns so sehr, daß er Jesus Christus opferte, seinen einzigen Sohn, um reinen Tisch zu machen und uns das Geschenk der Erlösung zuteil werden zu lassen.

Es hat mich nicht mehr als eine Minute gekostet, dieses Geschenk der Gnade und Erlösung in Empfang zu nehmen. Das aber war erst der Anfang. Eigentlich ging es um die Frage, ob ich auch weiterhin an Gottes bedingungslose Liebe glaubte. Ob ich ihm wohl unaufhörlich mein Leben anvertrauen würde, komme, was wolle. Ob ich mich darauf verlassen würde, daß er mir Weisheit und Kraft gibt. Oder hieß es, der Angst nachzugeben und kein Risiko einzugehen? Würde mein Glaube geringer, dann würde wieder mein Ich den Mittelpunkt meines Lebens bilden. Die Frage war also, ob ich meine Beziehung zu Gott in Vergessenheit geraten lassen und zur alten Denkweise – »Ich kann schon für mich selbst sorgen.« – zurückkehren wollte.

Am Ende meiner Seminare kommen die Teilnehmer oft zu mir und sagen: »Ken, ich bin fest entschlossen, genau der Manager zu werden, den Sie uns heute vor Augen gemalt haben.«

Ich antworte dann immer: »Das würde ich nie in Frage stellen. Ich mache mir aber Gedanken, ob Sie zu diesem Entschluß auch stehen werden.« Es heißt, daß Schlankheitsdiäten nicht funktionieren. Das ist nicht wahr. Es sind die Menschen, die nicht funktionieren! Ständig werden sie ihren Verpflichtungen untreu.

Alle Fragen hinsichtlich meines neuen Glaubens ließen erkennen, daß ich an meiner eigenen Entschlußtreue zweifelte. Zum Trost erinnerte ich mich an Bill Hybels Worte: »Gott weiß schon, daß wir unser Versprechen nicht halten können. Er liebt uns trotzdem.«

Wir können dies deswegen so schwer verstehen, weil wir als menschliche Wesen mit der Schwierigkeit kämpfen, das Steuer aus der Hand zu geben und sicher zu sein, daß Gott bereits alles getan hat. Wir lassen uns von der Stimme unseres Verstandes ablenken, die uns dazu überreden will, trotzdem alles mögliche zu tun, um Gottes Gnade zu verdienen. Wie sehr wünschte ich mir die Chance, so manche Saite meines Lebens in den letzten Jahren neu aufzuziehen! Manchmal hatte ich mein eigentliches Zuhause vergessen, und die irdischen Stimmen gewannen die Oberhand.

Jesus kämpfte mit den gleichen Versuchungen. Henri Nouwen[7], der Autor vieler inspirierender Bücher, vermittelt humorvoll und überzeugend, wie Jesus Christus auf die Verführungskünste des Bösen reagierte, der ihn herausforderte: »Beweise, daß du Gottes geliebter Sohn bist. Tu etwas! Verwandle diese Steine in Brot. Werde berühmt. Spring vom Tempel, damit du ins Fernsehen kommst. Verschaffe dir Macht, damit du wirklich Einfluß hast. Geht es dir nicht um Einfluß? Bist du nicht deswegen auf die Erde gekommen?« Jesus antwortete: »Nein! Ich muß nichts beweisen. Ich bin Gottes geliebter Sohn.«

Wie kommt es, daß wir uns so oft ablenken lassen? Vielleicht, weil wir nicht glauben, daß Gott uns liebt? Weil wir mit derselben Stimme zu tun haben, die schon auf Jesus eingeredet hat? Was hält mich und andere davon ab, Gott vollkommen zu vertrauen und ihn in unsere Alltagssorgen und -entscheidungen miteinzubeziehen? Haben wir nicht die Gnade bereits empfangen? Wie kommt es, daß viele Christen so sehr im Netz politischer und kultureller Probleme verfangen sind, daß ihre Mitmenschen nicht mehr die Liebe Gottes in ihnen erkennen können? Es hat damit zu tun, daß wir uns wertvoll und wichtig fühlen wollen. Ironischerweise sind wir in Gottes Augen wertvoll und liebenswert, ohne uns um irgend etwas verdient gemacht zu haben. Wir müssen nur Herz und Verstand für die Liebe öffnen, die uns alle erwartet.

Norman Vincent Peale hat mir einmal gesagt: »An Gottes Stelle würde ich es zum Lachen finden. Hat er doch den Menschen alles gegeben, was sie zu einem gelungenen Leben brauchen, dazu eine kleine Besonderheit: den freien Willen. Mit dem freien Willen hat Gott dem Menschen die Fähigkeit gegeben, sich unglücklich zu machen.«

Hilfe für unterwegs

Wie halte ich meinen Kurs, wenn ich davon ausgehe, kein Roboter zu sein, also die Freiheit zu haben, die Richtung meines Lebens selbst zu wählen? Wie finde ich zurück, wenn ich vom Weg abgekommen bin?

Ich habe gelernt, mir Hilfe zu suchen. Es gibt einige nützliche Grundsätze, die mich daran erinnern, mich Gott und seiner bedingungslosen Liebe zu mir anzuvertrauen. Ich kann die eingeschlagene Richtung viel besser halten, wenn ich

- mich in Bescheidenheit und Demut übe.
- mich auf meine Stärken konzentriere – die Balance zwischen persönlichen Zielen und der Zusammenarbeit mit anderen.

- innehalte und auf die Stimme höre, die mir die Sicherheit gibt, geliebt zu werden.
- das Positive betone und Gott für meinen Fortschritt danke.

Diese Grundsätze möchte ich näher erläutern:

Demut

»Ein demütiger Mensch denkt nicht geringschätziger von sich, aber seltener an sich.« Mit dieser Aussage in unserem Buch *Die Kraft des positiven Führens* wollten Norman Vincent Peale und ich betonen, daß es sehr wichtig ist, viel von sich zu halten – nicht aber, sich daran zu berauschen. Es ist unser Ego, das für Probleme sorgt.

Jemand sagte einmal, das Ego dränge Gott ständig an den Rand. Wenn wir erst einmal eine verzerrte Vorstellung von unserer eigenen Bedeutung haben und uns als Zentrum des Universums sehen, verlieren wir den Sinn für das, was wir als Geschöpfe Gottes eigentlich darstellen. Unser Denken wird vernebelt. Wir haben kein Empfinden mehr für die Beziehung zu unserer geistlichen Heimat, zu anderen und zu unserem wirklichen Selbst. Wie das kleine Mädchen, das mit seinem neugeborenen Bruder zu sprechen versuchte, haben wir vergessen, wie Gott ist.

Es gibt zwei Arten der Ich-Bezogenheit: den Selbstzweifel und den falschen Stolz. Beide sind Feinde der Demut. Menschen, die an sich selbst zweifeln, haben nur noch ihre Mängel im Sinn und gehen zu streng mit sich um. Menschen mit falschem Stolz meinen, nicht auf die Gnade angewiesen zu sein, und ahnen nicht, wie anfällig sie für die Sünde sind. Beiden Typen fällt es schwer zu glauben, daß sie geliebt werden.

Ich muß gestehen, daß es bei mir Selbstzweifel sind, die mich leicht vom Kurs abbringen können. Als Mensch, der die Beziehung sucht, möchte ich, daß niemand mich ablehnt. Wenn ich die Beurteilungsbögen meiner Seminarteilnehmer oder Rezensionen meiner Bücher lese, dann schaue ich in erster Linie auf die negativen Stimmen, auch wenn die überwiegende Mehrheit positiv ist. Es fällt mir schwer, ein Lob anzunehmen. Nach einem erfolgreichen Seminar oder einem guten Vortrag ertappe ich mich oft bei dem Gedanken: »Das war doch keine besondere Leistung.« Diese Worte klingen vielleicht auf angemessene Art bescheiden, entspringen aber meinem Selbstzweifel. Selbst nach fünfstündiger Arbeit an einem Vortrag von zwanzig Minuten weise ich dennoch positives Feedback zurück. Wie ich bereits durchblicken ließ, scheue ich zudem in meinem eigenen Unternehmen Personalentscheidungen, weil ich mich in meiner Haut nicht wohl fühle, wenn sich jemand über mich ärgert.

Menschen mit Selbstzweifeln fällt es schwer, für sich Gnade in Anspruch zu nehmen. Sie glauben, sie nicht verdient zu haben, und machen sich nicht klar, daß Gott keinen menschlichen Abfall produziert. Der Selbstzweifel aber darf nicht in die Überzeugung münden, man müsse sich Gottes Liebe verdienen. Dabei hilft der Gedanke, daß wir aus guter Familie stammen. Wir werden geliebt.

Menschen mit falschem Stolz können sich kaum zum Glauben an Gott durchringen, geschweige denn Jesus Christus als ihren Erlöser anerkennen. Sie nehmen nur ungern die eigenen Irrtümer oder ihre schwierige Persönlichkeit wahr. Die Geschichte von Adam und Eva ist ein Beispiel für falschen Stolz. Die Schlange lockte sie nicht mit der Frucht, weil sie darauf hoffte, die beiden würden einen Hunger auf Obst verspüren. Sie spielte mit ihrem

Ego, indem sie Eva weismachte: »Eure Augen werden aufgetan, und ihr werdet sein wie Gott«, wenn sie und Adam die verbotene Frucht kosten würden.

Wenn wir über unseren falschen Stolz stolpern, glauben wir, wie Gott zu sein. Dabei entgeht uns die Tatsache, daß wir allesamt die nötige Punktzahl nicht erreichen. Wir meinen, jedes Lobes würdig zu sein und alle guten Ideen selbst ausgebrütet zu haben. Die eigene Arbeit halten wir für die wichtigste. Auf Hilfe von anderen sind wir nicht angewiesen.

Es ist leicht zu verstehen, daß der Selbstzweifel aus einem Mangel an Selbstachtung entspringt. Schließlich verhalten sich die Betroffenen so, als seien sie weniger wert als ihre Mitmenschen. Bei Menschen mit falschem Stolz ist derselbe Mangel weniger offensichtlich, weil sie mit ihrem Verhalten ständig beanspruchen, mehr wert zu sein als andere. Zwar benimmt sich ein stolzer Mensch so, als komme es einzig und allein auf ihn an. Damit versucht er aber nur, den eigenen Mangel an Selbstachtung wettzumachen. Die Gefühle der Unzulänglichkeit werden überkompensiert durch den Anspruch, alles und jeden in seiner Umgebung beherrschen zu wollen. Dabei wirkt der Stolze abstoßend auf seine Mitmenschen.

In den letzten Jahren habe ich mich in manchen äußerst lästigen Rechtsstreit mit früheren Geschäftspartnern verstrickt. Bei keiner dieser Auseinandersetzungen wäre eine Austragung vor Gericht nötig gewesen. Ich war aber überzeugt, im Recht zu sein, und die andern nicht minder. Im Streit um unser Recht haben wir alle vergessen, daß wir geliebt werden. So hat es sich ergeben, daß in vieler Hinsicht wir alle verloren haben. Der Stolz vernebelt uns den Blick. Wir sehen nicht mehr deutlich genug; vor allem fällt es uns schwer, den Standpunkt unseres Nächsten zu verstehen. Wenn wir uns dazu überwinden, Gott zu vertrauen, dann hilft uns seine Liebe, diese Blindheit zu heilen.

Warum kam es überhaupt zu diesen Rechtsstreitigkeiten? Hatte ich nicht angefangen, auf Gott zu vertrauen? Sollte ein Christ nicht ohne solche Probleme leben? Hier macht sich das alte, naive Denken samt dem Irrtum bemerkbar, alles müsse glatt verlaufen, wenn wir nur Gott lieben. Wenn wir so denken, stellt sich bei der nächstbesten Schwierigkeit Ärger ein, und wir sind versucht, das Leben nach unserer alten Methode zu regeln. Immerhin hat Gott uns ja vermeintlich im Stich gelassen.

Ich habe jedoch erfahren, daß gerade Widrigkeiten uns die Chance geben, zu lernen und daran zu wachsen. In meinem Fall hatten die Rechtsstreitigkeiten mit ihren finanziellen und emotionalen Einbußen durchaus ihren Sinn. In der Bibel steht, daß jeder Streit aus dem Stolz hervorgeht. Gott mußte mir diese »Kopfnuß« verpassen, damit ich – hoffentlich ein für allemal – wieder erfahren konnte, daß es die nutzloseste aller menschlichen Errungenschaften ist, recht zu behalten. Die schlimmste Begleiterscheinung der Rechthaberei ist die Suche nach Menschen, die unrecht haben. Damit verstoßen wir gründlich gegen das christliche Evangelium und seine Botschaft der Liebe. Wiederum hilft uns Henri Nouwen auf den Weg:

»Und gemäß dem Geist Gottes besagt die Tatsache, daß wir erwählt, gesegnet und geliebt sind, nicht etwa, andere seien damit weniger bedacht worden. Eigentlich geschieht genau das Gegenteil, wenn uns auffällt, wie sehr wir geliebt werden. Uns wird ein inneres Auge geöffnet, mit dem wir erkennen, daß auch die anderen zutiefst geliebt werden. Wir rufen diese Liebe sozusagen hervor. Darin liegt das ungeahnte Geheimnis der Liebe Gottes. Je mehr wir wissen, wie sehr wir geliebt werden, desto mehr erkennen wir, daß auch unsere Schwestern und Brüder in der menschlichen Familie geliebt werden.«

Gordon MacDonalds Buch *Ordne dein Leben*[8] erklärt sehr anschaulich den wichtigen Unterschied zwischen »getriebenen« und »berufenen« Menschen. Ein Mensch, der sich getrieben fühlt, glaubt, alles zu besitzen – seine Arbeit, sein Eigentum, Ehepartner, Kinder und Ideen. Folglich hat er nichts anderes zu tun, als unentwegt zu verteidigen, was er besitzt. Der getriebene Mensch muß ständig einen Rechtsanwalt damit beschäftigen, seine Angelegenheiten zu ordnen.

Der Berufene hingegen glaubt, daß ihm alles von Gott geliehen ist. Da er nichts besitzt, begnügt er sich mit der Rolle des Hirten für alles und jedermann in seiner Umwelt. In Beziehungen zeigt sich dies darin, daß er bei anderen das Beste hervorbringen hilft. Zu helfen ist ihm wichtiger, als recht zu haben. Statt den Rechtsanwalt einzuschalten, schaut der Berufene ständig auf Gott, um die Dinge ins rechte Lot zu bringen.

Für mich ist es interessant zu beobachten, wie sich Selbstzweifel und falscher Stolz auf Manager auswirken. Sind sie von einem dieser beiden Defekte am Ego befallen, leidet die Effektivität ihrer Arbeit. Der Manager mit übermächtigem Selbstzweifel steht oft im Ruf der Untätigkeit. Man bescheinigt ihm, »nie greifbar zu sein, sich um jeden Konflikt zu drücken, keine große Hilfe zu sein«. Er läßt die Mitarbeiter mit ihrer Unsicherheit allein und weiß nicht, mit welchen Aufgaben sie zu tun haben. Er hält weder viel von sich, noch vertraut er auf sein eigenes Urteil. Die Ideen der anderen – besonders seiner Vorgesetzten – sind ihm wichtiger als die eigenen Gedanken. Deshalb erhebt er selten die Stimme zugunsten der eigenen Mitarbeiter. Gerät er unter Druck, gibt er dem nach, der am meisten Macht innehat.

Am entgegengesetzten Ende des Spektrums ist der »Kontrolleur« angesiedelt. Es handelt sich um einen Manager, der unter falschem Stolz leidet. Selbst dann, wenn er nicht weiß, was er tun soll, drängt es ihn nach Macht und Herrschaft. Selbst wenn er für alle klar erkennbar im Unrecht ist, besteht er immer noch darauf, recht zu haben. Auch dieser Typ gewährt seinen Mitarbeitern nicht viel Unterstützung. Wenn alle wohlgelaunt und zuversichtlich sind, verdirbt er ihnen die gute Laune. Er stellt sich gegen die eigenen Leute auf die Seite des Chefs, weil er in der Hierarchie nach oben drängt und zum engeren Führungskreis der Firma gehören will.

Auch wenn sich diese Beobachtungen nicht gerade tröstlich anhören, weil sie zu sehr unter die Haut gehen, sollte man nicht zu sehr erschrecken. In den meisten von uns stecken Spuren von Selbstzweifel und falschem Stolz zugleich, weil das eigentliche Problem unser Ego ist. Wir stecken fest, sind allein auf weiter Flur und drehen uns nur um uns selbst. Die gute Nachricht des Evangeliums lautet: Das Urteil oder der Beifall der anderen sind nicht mehr wichtig. Genau dies bedeutet der Ausruf »Vollbracht!«. Jesus Christus hat dies alles auf sich genommen. Wenn wir Gottes bedingungslose Liebe annehmen können, fällt seine Gnade auf fruchtbaren Boden. Haben wir die Gnade empfangen, stehen wir nicht mehr in der Kreide.

Wenn wir erkennen, daß Gott auf unserer Seite steht, wird uns auffallen, daß wir gleichzeitig über jede Art von Hilfe, Liebe und Unterstützung verfügen, die wir nötig haben. Diese Erfahrung stimmt demütig. Norman Vincent Peale hat mir einmal gesagt, es sei die schwerste Prüfung für unsere Selbstachtung, den Kopf zu neigen und zuzugeben, daß wir uns nicht selbst erlösen können. Doch solange wir nicht die eingefahrenen Gleise verlassen und zu glauben anfangen, daß wir geliebt werden, geben wir unsere Vermeidungsstrategie nicht auf. Solange stellen wir uns weder auf Gott ein, noch vertrauen wir ihm unser Leben an und sind Getriebene, nicht Berufene.

Sobald wir uns einbilden, wir könnten mit großartigen Taten bei Gott Punkte sammeln, weichen wir vom richtigen Kurs ab. Erst die Demut bringt uns zurück.

Höchstleistung

Der Beste zu sein, besser als alle anderen – daran denken die meisten Menschen beim Begriff Höchstleistung. Leider kann es nur eine Nummer eins geben. Wer diese Vorstellung von Leistung hat, zwingt sich zu Aktivitäten, die ihn letzten Endes von Gott entfernen. Das Leben wird zu einem Schlachtfeld mit Siegern und Besiegten, auf dem nur einer zählt: der Beste. Die Art von Höchstleistung aber, mit der man auf Kurs bleibt, läßt sich von jedermann erzielen. Es geht darum, sich am Maßstab Gottes auszurichten, der für jeden von uns ein eigenes Maß an Leistung festlegt. Auf diese Weise macht man das Beste aus seinem Leben.

Vor ein paar Jahren habe ich eine Woche lang Rabbi Harold Krushner erlebt, den Autor des Bestsellers *When Bad Things Happen to Good People*[9]. Wir waren an der YPO-Universität in Acapulco, wo er einen Folgeband vorstellte: *When All You've Ever Wanted Is Not Enough*[10]. Von Rabbi Krushner habe ich gelernt, daß es zwei Hauptleistungen im Leben gibt: Ziele verwirklichen und Beziehungen knüpfen.

Die erste Leistung, das Verwirklichen von Zielen, ist dem Menschen in die Wiege gelegt. Schließlich sind wir die einzige Lebensform, die sich über das physische Überleben hinaus noch weitere Ziele setzt. Ein großer Teil des menschlichen Lebens besteht heutzutage nicht nur aus Nahrungssuche oder Abwehr von Gefahren für Leib und Leben, sondern auch aus schöpferischer Tätigkeit. Jeden Montagmorgen sind die Autobahnen im Umkreis unserer Städte brechend voll mit Menschen, die ihre Ziele verwirklichen wollen. Leider glauben viele, daß es im Leben nichts anderes gibt. Daher dreht sich bei diesen Menschen bis zum letzten Atemzug alles nur um den nächsten Verkauf, den nächsten Erfolg und den nächsten Sieg. Es ist eben besonders schwer einzusehen, daß das letzte Hemd keine Taschen hat.

Es ist nicht falsch, seine Ziele zu verwirklichen, denn Gott hat die Sehnsucht in uns hineingelegt, uns selbst und unsere Umwelt zu verbessern. Probleme stellen sich erst ein, wenn wir diesen Zielen zu viel Wert beimessen.

Richard N. Bolles, Autor des Buches *Job hunting: Ein Handbuch für Einsteiger und Aufsteiger*[11] sprach in einem Interview zum Thema »Liebe zu Gott und zum Beruf« über eben diesen Punkt[12]:

»Nehmen wir einen Menschen, der ganz und gar in seiner Arbeit aufgeht, aber keine religiösen Überzeugungen hat. Dann ginge ich äußerst pessimistisch an den Versuch, ihn zu überzeugen, seine Selbstachtung doch nicht zu sehr von seiner Arbeitsleistung abhängig zu machen. Wenn hier nicht eine wirkliche Lebenskrise eintritt und Offenheit bewirkt, wird sich wohl nichts ändern. Sich dermaßen in die Arbeit zu vertiefen, wirkt fast wie eine Droge. Es ist nicht nur der Beruf, der dem Ego schmeichelt, es ist der gesamte Kontext der Arbeit – Ruhm, Reichtum, Prestige, usw. –, der die übergroße Abhängigkeit von der beruflichen Identität verstärkt.«

Rabbi Krushner berichtet, er habe in seiner gesamten Laufbahn als Rabbi bisher niemanden auf seinem Totenbett sagen hören: »Wenn ich doch nur öfter ins Büro gegangen wäre!« Was wünscht man sich statt dessen? Daß man mehr geliebt und sich mehr Zeit für Familie, Freunde und Angehörige genommen hätte. Die meisten Menschen kommen niemals über die erste Art der Lebensleistung, das heißt, das Verwirklichen von Zielen, hinaus.

Die zweite Lebensleistung ist die Pflege von Beziehungen, deren wichtigste die Beziehung zu Gott ist. Bei dieser zweiten Leistung erkennen wir, wie wichtig unsere Gemeinschaft mit Gott, mit anderen und mit unserem wahren und eigentlichen Selbst ist. Leider denken in unserer Gesellschaft die meisten Menschen erst dann darüber nach, wenn sie eine Lebenskrise oder die Begegnung mit dem Tod durchstehen müssen. Wenn das Unglück zuschlägt, kommen die Fragen auf: Worum geht es im Leben? Hat es einen Sinn? Es ist zwar niemals zu spät, die Bühne für den zweiten Akt zu betreten, aber man sollte bedenken, was man während des Wartens auf die große Krise verpaßt.

Ein Mensch, der die zweite Lebensleistung erfolgreich angeht, hat auch in seiner Beziehung zu Gott größere Chancen, auf dem richtigen Kurs zu bleiben. Es gelingt ihm auch besser, seine Arbeit an

Lebenszielen mit der Pflege von Beziehungen zu verbinden und beides in ein Gleichgewicht zu bringen. Ich möchte dies als die dritte Lebensleistung bezeichnen. Wer sich selbst ausschließlich über eine Berufsbezeichnung definiert, bringt sich um den Spielraum für Beziehungen. Dann kann man auch kaum von einem Gleichgewicht beider Lebenswerke reden. Liegt der Schwerpunkt auf der Arbeitsleistung, bleibt nur wenig Raum für die Gnade, denn jeder Gedanke an die Erlösung oder an eine Aufnahme in den Himmel wird zur neuerlichen Leistung. Diese Haltung führt zu einer Religion, in der die Tat im Vordergrund steht und von der die Menschen deshalb Abstand nehmen, weil sie letztlich niemals genug tun können.

Die Gnade annehmen heißt akzeptieren, daß alles schon »vollbracht« ist. Man muß keine zusätzliche Leistung erbringen, nur weil man sich das Angenommensein nicht verdienen kann. Wir sind bereits angenommen worden. Wir werden schon geliebt. Man darf also getrost den Versuch aufgeben, sich um der bloßen Leistung willen verdient zu machen. Es geht vielmehr darum, der beste Mensch zu werden, den Gott im Sinn hatte, als er uns erschuf.

In diesem Zusammenhang fällt mir eine Geschichte ein, die Vernon Howard in seinem Buch *Die mystische Weisheit zu kosmischer Kraft*[13] erzählt:

> »*Ein Prinz wurde bei seiner Geburt aus dem väterlichen Palast entführt. Nachdem er in einem kümmerlichen, ärmlichen Dorf groß geworden war, lehnte er sich gegen die Armut seines Lebens auf. Er ersann ausgeklügelte Pläne, um König des Landes zu werden. Durch zahlreiche Intrigen und Kämpfe gewann er den Thron. Er hatte aber ein ängstliches und feindseliges Wesen. Da er sich nun den Thron gewaltsam verschafft hatte, verzehrte er sich in ständiger Angst vor anderen Männern mit Ehrgeiz. Tag für Tag drückte ihn dieses Elend.*
> *Dann erfuhr er von seiner wahren Herkunft. Er war bereits König von Geburt an. Jetzt erkannte er, wie dumm es war, sich sein eigenes Erbe gewaltsam zu nehmen. Da er nunmehr im Bewußtsein lebte, König zu sein, schwand die Angst, die Bedrohung. Er ruhte in seiner Herrschaft.*«

Wir alle sind König oder Königin, wenn wir nur glauben, daß wir geliebt werden. Wir haben es nicht nötig, dieses und jenes zu erreichen – wir sind schon »jemand«. Niemand kann uns mit seinen Plänen oder Schlachten den Thron rauben. Er gehört uns, solange wir ihn nur wollen.

In den letzten Jahren habe ich den Teilnehmern an meinen Managementseminaren die Frage gestellt: »Wer von Ihnen hat Kinder?« Darauf melden sich viele. Ich frage weiter: »Wer von Ihnen liebt seine Kinder?« Gelächter, während die Hände hoch gehen. Dann kommt meine Schlüsselfrage: »Bei wem hängt die Liebe zu seinen Kindern davon ab, wieviel sie leisten? Bringen sie Erfolge nach Hause, lieben Sie sie. Wenn nicht, dann nicht.« Hier bekomme ich nie eine Hand zu sehen. »Die Liebe zu Ihren Kindern hängt also nicht von ihren Leistungen, ihrer Macht oder ihrem Einfluß ab«, fahre ich fort. »Wie kommt es dann, daß Sie und ich nicht imstande sind, die bedingungslose Liebe unseres Vaters anzunehmen?«

Nur wenn wir dazu bereit sind, können wir, so Henri Nouwen, die tröstenden Worte unseres Vaters vernehmen:

»Ich berge dich in der Sicherheit meiner Flügel.
Du kannst immer zu mir heimkommen,
zu mir, der mit dir leidet!
Zu mir, der Liebe selbst!«

Wer dieses Bild im Gedächtnis bewahrt und weiß: »Ich gehöre dorthin«, der kann inmitten dieser Welt leben und den Umgang mit ungemein viel Erfolg ebenso ertragen wie zahllose Niederlagen, ohne seine Identität zu verlieren. Seine Identität ist darin begründet, daß er geliebt wird.

Ich muß mich ständig daran erinnern lassen, daß ich geliebt werde. Sonst würde ich, wie alle Welt, im Leistungsstreben gefangen sein. Als das Buch *Der Minuten-Manager* erfolgreich wurde, schob ich *Putting the One Minute Manager to Work* nach, dann *Leadership and the One Minute Manager*, danach *The One Minute Manager Gets Fit*, und so weiter.

Mein Freund Red Scott holte mich auf den Boden der Realität zurück: »Blanchard, du hast mit *Der Minuten-Manager* den Vogel abgeschossen. Freu dich doch darüber, damit du nicht bis an dein Lebensende hinter diesem Erfolg herjagst.«

Wenn wir anfangen können, auf die bedingungslose Liebe unseres Vaters einzugehen, bereiten wir den Boden für den Empfang der Gnade vor. Unser Lebensziel erschöpft sich nicht mehr in der Jagd nach Kapitalvermehrung, Macht, Anerkennung, Herrschaft oder anderen irdischen Werten, sondern wir können jetzt unser eigenes Maß an persönlicher

Leistung anstreben und unsere Lebensreise antreten. Wir können nun nach Gottes Gesetz leben.

»›Du sollst den Herrn, deinen Gott, lieben mit ganzem Herzen, mit ganzer Seele und mit all deinen Gedanken.‹ Das ist das wichtigste und erste Gebot. Ebenso wichtig ist das zweite: ›Du sollst deinen Nächsten lieben wie dich selbst.‹ An diesen beiden Geboten hängt das gesamte Gesetz samt den Propheten« (Mt 22,37-40).

Ist also das Streben nach Leistung etwas Schlechtes? Auf keinen Fall. Man darf darin aber nicht den Sinn des Lebens suchen. Das wird von Amrit Desai in John Scherers ausgezeichnetem kleinen Buch *Work and the Holy Spirit*[14] treffend ausgedrückt: »Die Welt ist voller Ego-Riesen, die ausgesprochen erfolgreich, zugleich aber auch zutiefst unglücklich sind. Es hat bisher nie an unglücklichen reichen und erfolgreichen Menschen gefehlt.«

Leere und Elend verschwinden, wenn sich der innere Friede einstellt. Wir erleben ihn, wenn wir auf Gottes Liebe eingehen und sein Geschenk der Gnade empfangen. Unser Streben gilt nicht mehr dem, was andere unter Glanzleistungen verstehen. Wir wollen im Sinne Gottes unser Bestes geben. Ironischerweise zahlt es sich in Resultaten aus, wenn wir Gottes Gnade in unserem Leben wirken lassen. Die Arbeit geht uns leichter von der Hand. Allerdings sind diese Resultate nicht die Folge von übernatürlichen Wundern. Gott läßt nicht alle Schranken für uns fallen. Darüber lohnt es nachzudenken: Läßt man ab von der Jagd nach Leistung, wird man frei für das, was man wirklich gern tut. Außerdem stehen die richtigen Motive dahinter.

Seit einigen Jahren bin ich mit Larry Moody befreundet, dem Leiter von *Search Ministries*. Larry greift leitenden Geschäftsleuten bei ihrem Leben mit Gott unter die Arme. Unter anderem bietet er ihnen am Mittwochabend ein Bibelstudium auf dem Golfplatz an. Immer wenn ich in seiner Nähe zu tun habe, versuche ich, an diesem Bibelabend teilzunehmen. Larry ist ein großartiger Prediger, der positiv auf die Lebensführung seiner Golfgemeinde eingewirkt hat. Unter anderem gehören Paul Azinger, Bernhard Langer, Larry Mize, Larry Nelson, Corey Pavin und Scott Simpson dazu, allesamt Golfer von Weltrang.

Larry vermittelt diesen Spielern Woche für Woche, was Gnade bedeutet. Er macht deutlich, daß sie geliebt werden, mögen sie in der letzten Woche gewonnen oder verloren haben. Der Sieg auf noch so vielen Turnieren verschafft ihnen nicht ein Stückchen mehr Liebe oder Erlösung. Unter dieser Voraussetzung können sie unbefangen aufspielen, da es keinen wirklichen Druck mehr gibt.

Wirkt es sich denn positiv aus, wenn unser Selbst nicht von Leistungen und Anerkennung durch andere abhängt? Unbedingt! Während des Masters-Turniers von 1993 fiel der letzte Spieltag zufällig auf den Ostersonntag. An diesem Tag führte Bernhard Langer das Feld an. Auf dem Spitzenreiter lastet bei jedem Turnier ein unermeßlicher Druck, erst recht beim prestigeträchtigen Masters.

Am letzten Turniertag liegt den meisten Golfern die Rolle des Herausforderers viel mehr als die des Spitzenreiters. Wenn er verliert, zerreißt sich alle Welt den Mund darüber, warum er gepatzt hat. Nick Faldo hat Jahre gebraucht, um über eine Serie von verlorenen Turnieren hinwegzukommen, die ihm den Spitznamen »Foldo« eingebracht hatte. Auch bei Greg Norman wirkten verlorene Wettkämpfe lange nach.

Es war die reine Freude, Langer an besagtem Sonntag zuzuschauen. Er spielte in einem Zustand, den Chuck Hogan[15] als »geistig gespannt, aber körperlich ausgeruht« bezeichnet. Wo es eigentlich angesagt gewesen wäre, auf Nummer Sicher zu gehen (wie bei seinem zweiten Schlag beim berüchtigten par 5/13), machte er Dampf. Er gewann das Turnier mit vier Schlägen Vorsprung.

Beim traditionellen Interview mit dem Sieger ließ der Präsident des *Augusta National Golf Club* die Bemerkung fallen, dieser Tag sei für Bernhard Langer doch wohl einer der wichtigsten seines Lebens. Langer gab zu, daß ihm der Sieg beim Masters viel bedeute. Folgendes aber zähle wirklich: »Am Jahrestag der Auferstehung meines Herrn gewonnen zu haben.«

Nie werde ich vergessen, was der legendäre Trainer der *Dallas Cowboys*, Tom Landry, sagte, als er gefragt wurde, warum er beim Spiel so ruhig bleiben könne, wie auch immer es verlaufen möge: »Das ist ganz einfach. Bei mir gibt es eine wohlgeordnete Rangfolge. Zuerst kommt Gott, danach meine Frau, dann meine Kinder und schließlich der Beruf. Wenn ich sonntags verliere, bleibt mir noch eine Menge übrig.«

Das schlug bei mir ein wie der Blitz. Mir war klar, daß die meisten so etwas nicht von sich sagen konnten. Allzu viele Menschen meinen, im Leben gehe es vor allem um Siege. Ich halte mich lieber an die

Worte des verstorbenen Tennisstars Arthur Ashe: »Wahres Heldentum ist bemerkenswert nüchtern, ganz undramatisch. Es zeigt sich nicht im Drang, um jeden Preis alle anderen zu übertrumpfen, sondern darin, dem Nächsten um jeden Preis zu dienen.«

Will ich damit sagen, daß uns eine Karriere als Spitzenathlet oder erfolgreicher Trainer bevorsteht, wenn wir Gottes Gnade in Empfang nehmen? Ganz und gar nicht. Es geht darum, was diese Männer auf die ihnen eigene Weise gesagt haben: Wenn man Gott vor alles andere stellt, entfällt der Leistungsdruck, und meistens gibt uns das die Freiheit, Gottes Absicht mit uns in bester Manier zu verwirklichen. Das ist die Art Höchstleistung, die uns auf Kurs hält.

Zur Zeit verfasse ich gemeinsam mit Don Shula ein Buch zu den Themen »Merkmale von Siegern« und »die Kunst des Trainierens«. Don Shula ist der unvergeßliche Trainer der *Miami Dolphins* und zudem der bisher erfolgreichste Coach in der gesamten Geschichte der *National Football League*. Sein Lieblingsspruch lautet: »Erfolg hält nicht ewig an, und an einer Niederlage stirbt man nicht.« Er hält fest an seiner Überzeugung, daß man sich weder nach dem Sieg überschätzen noch nach der Niederlage zerstören dürfe. Don geht nach Möglichkeit jeden Morgen zur Messe, um Gott zu danken und ihn um Hilfe zu bitten. Natürlich will er gewinnen, und wohl kein zweiter ist so wettbewerbsorientiert wie er. Doch sein Glaube rückt Sieg und Niederlage in die richtige Perspektive. Seit mehr als dreißig Jahren hat Don mindestens zehn Spiele pro Saison gewonnen. Dabei aber sind ihm Gott und seine Familie immer wichtiger als alles andere geblieben.

Manchmal sind wir versucht, einen Abstecher vom Kurs zu machen und uns einen eigenen Namen zu schaffen. Vergessen wir nicht, daß wir, auf uns allein gestellt, in den Bann des Leistungsstrebens geraten – ein Spiel, bei dem es nichts zu gewinnen gibt. Streben wir lieber Spitzenleistungen im Sinne Gottes an, damit wir den Segen genießen können, der sich dann einstellt.

Zuhören

Einer meiner Lehrer sagte immer: »Wenn Gott gewollt hätte, daß wir mehr reden als zuhören, dann hätte er uns zwei Münder gegeben.« Warum wir häufig Mühe haben, den Kurs zu halten und auf Gottes

Gnade zu vertrauen, liegt oft darin begründet, daß wir uns keine Zeit nehmen, zur Ruhe zu kommen und auf Gott zu hören. Uns fehlt die Disziplin im »innerlichen Zuhören«. Henri Nouwen weist darauf hin, daß Disziplin, geistlich gesprochen, Freiraum für Gott schafft – den Raum, in dem Gott handeln, reden und etwas geschehen lassen kann, womit er uns überrascht und damit bekundet, daß er anwesend ist. Wir müssen also damit aufhören, unsere gesamte Zeit auszufüllen und in der Zeit, die wir allein verbringen, immer beschäftigt zu sein.

Warum fällt es uns so schwer, allein zu sein? Bei unserer gemeinsamen Arbeit haben Norman Vincent Peale und ich festgestellt, daß wir alle zwei Selbst haben: Das innere Selbst ist nachdenklich und kann gut zuhören; das äußere Selbst orientiert sich an Aufgaben, an Leistung und ist zum Lernen oft zu beschäftigt. Letzteres treibt uns zur ersten Aufgabe an, zu zielbewußten Leistungen. Das Augenmerk des inneren Selbst ruht auf der zweiten und dritten Aufgabe – Beziehungen zu andern zu knüpfen und den Sinn des Lebens zu erkennen. Es ist unser Instrument, mit dem wir auf Gott hören können, der uns ruft und uns die Gewißheit gibt, daß wir nach den Zielen leben, die er für uns hat.

Leider dauert es morgens eine Weile, bis unser inneres Selbst wach wird. Wenn der Wecker klingelt, springen die meisten Menschen aus dem Bett und stürzen sich in ihre Aufgaben, ohne das innere Selbst zu berücksichtigen. Wir waschen uns, schlingen etwas hinunter und sind schon unterwegs zum ersten Treffen oder den Arbeiten des Tages. Wir hetzen von einem Termin zum anderen. Die Mahlzeiten werden irgendwo dazwischengequetscht. Am Ende des Tages fallen wir erschöpft ins Bett und nehmen uns kaum Zeit dafür, dem lieben Menschen neben uns gute Nacht zu sagen. Am nächsten Tag geht es wieder von vorn los. Ziemlich bald verschwimmen die Tage in unserem Gedächtnis, und das ganze Leben ist kaum mehr als ein Hauch. Lily Tomlin drückt es so aus: »Selbst wenn man das Rennen im Laufrad gewonnen hat, bleibt man immer noch Hamster oder Ratte.«

Man kann nur dann den Kurs halten und sich das Rennen im Laufrad ersparen, wenn man dem inneren Selbst Stille gönnt – Zeiten, in denen wir allein mit Gott sind und mit niemandem sonst.

Warum ist dieses Alleinsein mit Gott so wichtig für den Fortgang der geistlichen Reise? Henri Nouwen hat dafür die rechten Worte gefunden:

»Weil hier der Ort ist, auf die Stimme dessen zu hören, von dem wir geliebt werden. Eben darum geht es beim Gebet. Beten heißt, auf die Stimme desjenigen zu hören, der uns ›meine geliebte Tochter, mein geliebter Sohn, meine geliebten Kinder‹ nennt. Beten heißt, diese Stimme zum Zentrum unseres Seins sprechen zu lassen, ins Innerste hinein. Lassen wir diese Stimme in unserem ganzen Wesen widerhallen. Wer bin ich? Ich bin ein von ihm geliebter Mensch.«

Woher nehmen wir uns die Zeit dafür? Ich kann nur empfehlen, den Tag gemächlicher anzugehen. Seit vielen Jahren hört man von der Stillen Zeit mit Gott am frühen Morgen, ob man sie nun »Morgenwache« oder »persönliche Andacht« nennt. Ich möchte Ihnen sagen, was bei mir funktioniert, muß aber bekennen, daß man dazu Disziplin benötigt. Außerdem gebe ich zu, daß ich nicht täglich tue, was ich hier beschreiben werde. Dumm von mir, aber wahr! Es ist nichts als der freie Wille, der sich hier wieder bemerkbar macht. Ich ahne, daß wir alle mit dem gleichen Problem kämpfen: Wir wissen, daß wir auf mehr Zeit für stilles Nachdenken angewiesen sind, lassen aber zu, daß andere Angelegenheiten sich in diese Zeit drängen. Vielleicht ist deswegen der Morgen für mich am besten geeignet. Wenn ich es wirklich gut mit mir meine, versuche ich, die Stille Zeit allen anderen Aktivitäten des Tages vorzuziehen, damit nichts anderes, zum Beispiel ein Anruf, mich dabei stören kann.

Wenn der Tag für mich gut anfängt, setze ich mich als erstes ruhig hin und entspanne mich. Wenn ich ein paarmal tief eingeatmet habe, mache ich einige Streckübungen, um die lästigen Schmerzen an der linken Hüfte und den Knien zu lindern. Ich erwähne die Streckübungen deshalb, weil ich im Liegen, während ich etwas für die Biegsamkeit meiner Gelenke tue, nichts Besseres tun kann, als zu beten und hinzuhören.

Ich leite meine Gebete mit einem Psalmvers ein: »Dies ist der Tag, den der Herr gemacht hat; wir wollen jubeln und uns an ihm freuen« (Ps 118,24).

Von Bob Buford habe ich gelernt, vier Bereiche in mein Gebet aufzunehmen:

Anbetung:
Jedes Gebet sollte mit Anbetung beginnen. Ich sage Gott, daß ich ihn liebe und mich an allem freue, was er getan und erschaffen hat.

»Dein, Herr,
sind Größe und Kraft,
Ruhm und Glanz und Hoheit;
dein ist alles im Himmel und auf Erden.
Herr, dein ist das Königtum.
Du erhebst dich als Haupt über alles«
(1 Chr 29,11).

Bekenntnis:
Weil wir nach wie vor Gottes Vollkommenheit nicht erreichen, sollten wir uns vergewissern, daß wir von allen Sünden gereinigt werden, die wir begangen haben.

»Wenn wir unsere Sünden bekennen,
ist er treu und gerecht;
er vergibt uns die Sünden
und reinigt uns von allem Unrecht«
(1 Joh 1,9).

Danksagung:
Ich glaube, daß unser Erntedankfest deshalb so hochgeschätzt wird, weil wir uns tatsächlich gern dankbar zeigen. Warum also nicht jeden Tag danken? In diesem Bereich meines Gebets danke ich

Gott insbesondere für alles, was er seit meinem letzten Gespräch mit ihm für mich getan hat.

>»Laßt in eurer Mitte Psalmen, Hymnen
und Lieder erklingen,
wie der Geist sie eingibt.
Singt und jubelt aus vollem Herzen
zum Lob des Herrn!
Sagt Gott, dem Vater, jederzeit Dank für alles
im Namen Jesus Christi, unseres Herrn!«
(Eph 5,19-20)

Bittgebet:
Wir können Gott um das bitten, was wir brauchen. Ich fange am liebsten mit Gebeten für andere an und wende mich dann mit meinen eigenen Bedürfnissen an Gott. Ich habe eine lange »Wunschliste«. Am meisten wünsche ich mir, daß Gott mir und den Menschen, die ich liebe, genug Kraft für dieses Bekenntnis gibt: »Nicht mein Wille, sondern was du willst, soll auf Erden wie im Himmel geschehen.« Gottes Wort zufolge können wir in aller Zuversicht bitten:

>»Bittet, dann wird euch gegeben;
sucht, dann werdet ihr finden;

klopft an, so wird euch geöffnet«
(Mt 7,7).

Bill Hybels hat mir vorgeschlagen, meine Gebete aufzuschreiben. Es sei immer wieder eine Überraschung, wie viele davon in Erfüllung gingen. Wenn ich ein Tagebuch führte, würde mir diese Übung helfen, mich an den Segen zu erinnern und daran, wie gut Gott mir zuhört.

In der Zeit meines Gebets verharre ich immer ein paar Augenblicke ganz still und lausche. Vielleicht hören wir manchmal einen Prediger behaupten: »Gott hat mir gesagt ...« Wovon ist hier die Rede? Man könnte meinen, Gott habe mit klarer, lauter Stimme direkt zu ihm geredet. Ich gebe zu, noch nicht lange genug auf dieser Reise zu sein, um jede Antwort zu kennen, muß aber zugeben, Gott noch nie mit hörbarer Stimme vernommen zu haben. Und doch muß ich auch sagen, daß ich überzeugt bin, von Gott gehört zu haben. Wenn ich mich still auf ihn konzentriere, sind meine Gedanken meist auf das gerichtet, was er mir zu überlegen oder tun aufträgt. Besonders dann ist es wichtig, zuzuhören.

Gott spricht auch durch sein Wort, die Bibel. Keith Jackson, Libero der *Miami Dolphins*, veranstaltet manchmal ein Bibelstudium für seine Teamkameraden. Er bezeichnet die Bibel als *Basic Instruction Before Leaving Earth* (Grundkurs vor dem Verlassen der Erde, im Englischen Akronym für »BIBLE«), eine humorvolle Erinnerung daran, daß Gott viele Autoren inspiriert hat, seine Lehre schriftlich zu bewahren, damit wir wissen, wie wir leben sollen. Wenn wir uns jeden Tag Zeit nehmen, die Bibel zu lesen, bekommen wir direkten Zugang zu Gott. Darin steckt mehr als eine Leseaufgabe. Wir lernen verstehen, wie Gott sich unser Leben wünscht. Selten schlage ich meine Bibel zu, ohne ein Körnchen Wahrheit aufgepickt zu haben, wie ich meine Reise gestalten soll.

Zum Zuhören gehört für mich auch die hilfreiche Lektüre anderer christlicher Bücher. Zusätzlich zur Bibel lese ich morgens meist einen Abschnitt aus einem Andachtsbuch, einer Sammlung geistlicher Texte als Jahreskalender. Meine Lieblingsbücher sind *Time With God* und *The Daily Word*[16] – eine Monatszeitschrift, die meine Mutter mir schon als Kind zu lesen gab –, aber die Auswahl an ausgezeichneten Andachtsbüchern ist groß.

Wenn sich der Ablauf ideal gestaltet, beende ich die Zeit der Stille nach Gebet und Lesen mit ein paar Fitneßübungen. Viele Menschen haben sich solch ein Training aus Gesundheitsgründen angewöhnt, machen sich aber nicht klar, daß auch das geistliche Wohlergehen davon profitiert. Da ich an Gott als meinen Schöpfer glaube, halte ich es für wichtig, mich auch um meinen Körper zu kümmern, auch wenn ich mich oft nicht entsprechend verhalte. Die Bibel bezeichnet den Körper als »Tempel des Heiligen Geistes«, und ich muß diesen alten Tempel gut behandeln. Ich weiß aber auch, daß ich während meines täglichen Trainings nach wie vor Gott zuhören kann.

Wiederum müssen wir uns hüten, Fitneßübungen als Gelegenheit für Höchstleistungen zu mißbrauchen. Manche Menschen machen aus dem Laufen oder Fahrradfahren oder einer anderen nützlichen Aktivität eine Religion. Sie messen ihre Leistung und machen sich selbst schlecht, wenn sie zu wenig geschafft haben. Ein lieber Freund, Jim Ballad, geht seit mehr als zwanzig Jahren morgens Joggen. Ich erlebe es gern mit, wenn Jim gefragt wird, wie viele Kilometer er täglich schafft. Seine Antwort darauf: »Kann ich nicht sagen. Ich weiß es nicht.«

Dann folgt meist die Reaktion: »Gut, aber wie lange laufen Sie pro Tag?«

Jim wiederholt darauf erneut: »Weiß ich nicht. Es geht mir beim Joggen nicht um ein bestimmtes Pensum. Es ist weiter nichts als meine Art, den Tag zu beginnen.«

Was für eine großartige Trainingsmethode! Und was für eine Chance zum Zuhören! Auch mir hilft der Lauf am Morgen, bei meiner geistlichen Reise auf Kurs zu bleiben.

Insgesamt geht es darum, durch Gebet, Lesen oder eine andere einsame Beschäftigung zur Ruhe zu kommen. Rick Warren[17], Pastor der *Saddleback Community Church* in Orange County, Kalifornien, bezeichnet diesen Vorgang als Weg »vom ersten zum zweiten Mal«. Rick illustriert die geistliche Reise des Christen mit den vier Eckpunkten auf dem Baseballfeld. Nach Ricks Beschreibung erreichen wir die erste Station, wenn wir Gottes Gnade annehmen, indem wir unsere Sünden bekannt haben. Der Weg zur zweiten und dritten Station beinhaltet unser Wachsen in der Erkenntnis Christi und dem Dienst für ihn. Wir schaffen die dritte Station und den Weg nach Hause – der sogenannte *home run* in der Baseballsprache –, wenn es uns gelingt, beständig und ohne inneren Druck anderen vom Glauben zu erzählen.

Letztes Jahr schaffte meine Frau Margie den Schritt zur »ersten Station«, nachdem sie während eines Skiurlaubs in Aspen Robert Laidlows Buch *The Reason Why*[18] gelesen hatte. Wir waren mit einer Gruppe von alten Freunden aus der Universität unterwegs gewesen. Im Jahr zuvor hatte sie sich beim Skilaufen das Bein verletzt. Aus diesem Grund wollte sie in diesem Urlaub eine ruhige Kugel schieben. Phil Hodges gab Margie den schmalen Band von Laidlow zu lesen, als wir anderen uns auf der Piste tummelten.

Als ich am Ende unseres Skitages ins Hotelzimmer kam, sagte Margie: »Ich hab's getan!«

»Was hast du getan?« fragte ich.

»Mich auf Gott eingestellt«, strahlte sie. »Hinten im Buch, das Hodges mir gegeben hat, wird zu einer Entscheidung aufgefordert. Da habe ich meinen Kopf geneigt und es getan.«

Was war das für ein Tag für mich! Einer nach dem anderen entscheidet sich für Gott! Margie ist bei ihren Entschlüssen nicht so emotional wie ich. Sie denkt viel mehr nach. Sie brauchte ihren eigenen Fahrplan, um sich das Trikot der Mannschaft Gottes überzustreifen. Jetzt aber sind wir im selben Team – für immer!

Am folgenden Samstag gingen wir mit Bob Buford zusammen essen. Als Margie Bob erzählte, was sie getan hatte, fing er an zu weinen und stand vom Tisch auf, um sie zu umarmen.

Margie gestand ihm: »Ich habe aber immer noch viele Fragen.«

Bob erwiderte: »Das ist toll! Jetzt, wo du die ›erste Station‹ erreicht hast, sind viele Fragen angebracht. Auf dem Weg zur ›zweiten Station‹ ist das die richtige Einstellung.«

Wir erinnern uns: Pastor Warren zufolge macht man sich auf zur »zweiten Station«, wenn man Mitglied in Gottes Familie geworden ist. Jetzt geht es um die Entwicklung zur geistlichen Reife, indem man Hörer des Wortes wird und die Bibel studiert. Bei unserer Reise geht es darum, in Christus zu wachsen. Deshalb ist das Alleinsein mit Gott so wichtig.

Wenn sich über einen Seehafen der Nebel legt, hört man an Bord der Schiffe auf das Nebelhorn, um die Gefahren zu erkennen. Der Klang des Horns hilft den Seeleuten, den Kurs zu halten. Auch wir müssen hinhören, um nicht vom Kurs abzukommen. Die alte Gewohnheit, mit voller Kraft durch das Leben zu brausen, läßt uns wenig Zeit, auf die Stimme zu hören, die uns auf einen besseren Weg ruft. Ich mache am meisten aus meinem Leben, wenn ich jeden Tag in der Stille vor Gott beginne, zu ihm rede und auf seine Antwort höre.

Loben

Der wichtigste Gedanke, den ich über die Jahre an Manager weitergegeben habe, war die Kraft des Lobens. Spencer Johnson und ich haben in *Der Minuten-Manager* auf etwas Entscheidendes bei der Motivierung von Mitarbeitern hingewiesen. Man sollte es sich nicht entgehen lassen, wenn diese ihre Aufgabe gut und richtig erledigen. Dann gilt es, ihnen auf die Schulter zu klopfen und ihre Leistung gebührend zu würdigen. Nichts motiviert einen Menschen mehr, als bei einer guten Leistung »erwischt« zu werden. Wenn wir auf unserem Weg zu Gott auf Kurs bleiben wollen, müssen wir anfangen, bei uns selbst genauso zu verfahren.

Wann haben Sie sich das letzte Mal bei einer guten Tat ertappt? Wahrscheinlich fällt es auch Ihnen schwer, sich selbst zu loben. Meistens ertappen wir uns bei Fehlern und geraten dabei in schlechte

Stimmung. Kein Wunder, daß wir uns selten so fühlen, als würden wir von Gott geliebt.

Margie und mir war schon immer klar, wie schwer es fällt, ein Lob anzunehmen. Wir beide setzten deshalb alles daran, unsere Kinder Scott und Debbie so zu erziehen, daß sie mit Komplimenten gut umgehen können. Wir haben ihnen sogar beigebracht, auf ein Lob mit klarer Bestätigung zu reagieren: »Danke, daß es dir aufgefallen ist.« Ich werde nie vergessen, wie uns eines Tages Freunde besuchten, bevor Margie und ich von der Arbeit zurückgekehrt waren. Scott, damals noch ein Teenager, begrüßte sie. Er zeigte ihnen das Gästezimmer, brachte etwas zu trinken und unterhielt sich mit ihnen. Als wir nach Hause kamen, lobten sie Scott in unserer Gegenwart für seine Gastfreundschaft. Er sagte: »Danke, daß es Ihnen aufgefallen ist. Mir liegt sehr viel daran, daß die Freunde meiner Eltern und meine Freunde sich bei uns wohl fühlen.« Ist es da verwunderlich, daß Scott sich schließlich bei der Hotelfachschule in Cornell einschrieb und das Gewerbe der Gastronomie studierte?

Wenn es darum geht, sich bei Aufgaben, die man gut erledigt hat, zu beobachten und zu loben, kommen wir zum Thema Selbstgespräch. Vor ein paar

Jahren habe ich gemeinsam mit einem Spitzenprofi und Lehrer die Golf-Universität von San Diego gegründet. In dieses Unternehmen konnte ich nur deshalb geraten, weil ich zum einen für mein Leben gern Golf spiele, zum anderen aber der Meinung bin, daß Golf wie kein anderer Sport das Leben widerspiegelt.

Bei den meisten Sportarten reagiert man auf einen Mitbewerber. Wenn er größer, schneller, stärker oder besser als man selbst ist, fällt es schwer mitzuhalten. Beim Golf braucht man auf niemanden zu reagieren. Es gibt nur einen kleinen weißen Ball, der auf den richtigen Schlag wartet. Manchmal landet man einen besseren Schlag als üblich und muß mit dem Erfolg umgehen. Ein anderes Mal aber schlägt man unter dem eigenen Niveau und hat den Mißerfolg zu verkraften. Wie im Leben läuft der Ball beim Golf zuweilen ohne eigenes Zutun, sei es ins Ziel oder daneben. Manchmal nimmt er verdientermaßen seinen Lauf. Damit muß man sich viereinhalb Stunden lang auseinandersetzen. Bei einer Golfrunde kann ich einen Menschen besser kennenlernen als bei langer gemeinsamer Arbeit. Golf kann die besten und die schlechtesten Charakterzüge eines Menschen offenbaren.

An unserer Golf-Universität unterrichten wir nicht nur die technischen Spielzüge, das Schlagen des Balls in unterschiedlichen Situationen, sondern auch die geistige Einstellung. In diesem Bereich legen wir Wert auf das »Selbstgespräch«, weil dieser Bereich des Spiels bei den meisten Spielern oft negativ besetzt ist. Die meisten Golfer machen sich auf dem Platz regelrecht fertig. Einmal habe ich mit einem Mann gespielt, der sich anschrie: »Du Idiot! Wie kannst du nur so blöd sein?« Das machte er praktisch vor jedem Schlag. Nie war ihm ein Schlag gut genug. Ich schlug ihm vor, dieses Spiel, das ihm offensichtlich eine solche Last war, an den Nagel zu hängen. Es ist zu befürchten, daß er im wirklichen Leben genauso mit sich umgeht und ständig irgend etwas an sich auszusetzen hat.

Wenn man bei seiner Reise auf Kurs bleiben will, bedarf es der Konzentration auf das, was man gut und richtig macht. Wie fängt man das an? Bill Hybels hat mich mit seinem Buch *Der neue Weg – anders leben ist möglich*[19] auf eine verblüffende Idee gebracht. Man hatte ihm oft geraten, er solle ein Tagebuch führen. Da er sehr ehrgeizig war, ließ er sich immer durch die Vorstellung auf Abwege führen, er könne ein besseres Tagebuch als alle anderen zustande bringen. Dabei kannte er aber Zeitgenossen, die ihre Eintragungen vierfarbig gestalteten. Andere schrieben Gedichte hinein. Also begann er nie, weil er wußte, daß es nie das beste sein würde. Und dann wurde er Seelsorger der *Chicago Bears*.

Jeden Montagmorgen richtete er eine Bibelstunde für interessierte Spieler und Mitarbeiter aus. Nach dem Bibelstudium sah sich das Team immer die Videos des Wochenendspiels an. Sie achteten genauso sehr auf gute Spielzüge, an denen sie sich freuten, wie auf dürftige, verbesserungswürdige Aktionen. Als Bill eines Tages zu seiner Gemeinde zurückeilte, schlug es wie der Blitz bei ihm ein. »Das ist es!« dachte er. »So muß ich mein Tagebuch schreiben.«

Er hatte die Idee, die Seiten mit »Gestern« zu betiteln und dann den vergangenen Tag im Geist noch einmal durchzugehen. Dazu überlegte er sich, was ihm an seinen Taten oder Gedanken gut gefallen hatte und was er am liebsten von neuem tun würde. Jetzt war sein Tagebuch eine einmalige Sache, und sein Ego konnte ihn nicht mehr dazu verleiten, daraus einen Wettbewerb zu machen.

Ein Tagebuch, das die Triumphe des gestrigen Tages festhält, kann mich zu einem Selbstlob animieren. Wenn ich mit meinen Eintragungen beginne, denke ich zunächst darüber nach, was gut gelaufen war. Konnte ich vielleicht auf irgend etwas stolz sein? Habe ich etwas getan, bei dem Gott im Mittelpunkt stand und sichtbar wurde, daß ich seine Liebe entdeckt habe? Beispielsweise arbeite ich bei meinen Vorträgen und Seminaren an meiner Sprache. Wenn ich mich aufrege, kann die Wortwahl recht rauh werden. Im Laufe der Jahre habe ich negative Bemerkungen dazu einstecken müssen, ließ mich aber erst dann zur Korrektur dieser Gewohnheit hinreißen, als ich mich neu auf Gott einstellte. Plötzlich fiel es mir wie Schuppen von den Augen, daß mein Vorrat an Kraftausdrücken die Seminare in keiner Weise bereicherte. Mit Sicherheit machte ich damit Gott keine Ehre. Außerdem war dieser Wortschatz unvereinbar mit meiner Hoffnung, berichten zu können, wie sich die Kraft Gottes in meinem Leben auswirkte.

Haben Sie nun gedacht, daß sich der Wandel über Nacht vollzog, als ich mich dazu entschlossen hatte, die Kraftausdrücke aus meinem Wortschatz zu streichen? Durchaus nicht! Es ist nicht einfach, eingefleischte Gewohnheiten zu ändern, weil das verfestigte Verhaltensmuster für ein reflexartiges

Handeln sorgt. Das Tagebuch hat mir geholfen, meinen Fortschritt festzuhalten. Hier notiere ich, wann ich mich richtig verhalten habe und mir ein Wort des Lobes an die eigene Adresse gestatten darf.

Bei neuen Lernprozessen – oder, wie in meinem Fall, beim Verlernen einer alten Gewohnheit – darf man mit dem Lob nicht warten, bis man es zur Perfektion gebracht hat. Der lobenswerte Fortschritt ist ein bewegliches Ziel. Ein vollständig richtiges Verhalten ist die Folge von annähernd richtigen Handlungen. Gehen wir also freundlich mit uns um. Wen wollen wir als besten Freund, wenn wir mit uns selbst nicht zufrieden sind?

Was tun, wenn man keinen Fortschritt verzeichnet? Wie gehe ich in meinem Tagebuch darauf ein? Ich richte mich neu aus. Das heißt, ich halte mir nochmals das Ziel vor Augen und überprüfe meine Entschlossenheit. Das Selbstlob darf uns nicht von einer ehrlichen Bewertung unseres Entschlusses abhalten, ein negatives Verhalten ändern zu wollen. Manchmal muß ich mich in meinem Tagebuch zurechtweisen. Habe ich das getan, verbeiße ich mich jedoch nicht darin. So sehe ich meine Fehler aus der richtigen Perspektive: »Mit mir ist alles in Ordnung.

Nur mein Verhalten macht mir manchmal zu schaffen. Gott hat eben keinen Abfall, sondern echte Menschen geschaffen, die sich von Zeit zu Zeit daneben benehmen.«

Das Tagebuch ist also ein ausgezeichnetes Mittel, sich an lobenswerte Taten zu erinnern. Außerdem gibt es noch andere Methoden, sich selbst loben zu lernen. Vor allem aber geht es um eine bestimmte Art des Denkens. Man sollte mehr über das Gute als über das Schlechte nachdenken. Es geht um die Erkenntnis, daß wir im Grunde häufiger eine Kerze anzünden sollten, als die Dunkelheit zu verfluchen. Leider geraten wir schnell wieder in das gewohnheitsmäßige Brüten über die eigenen Fehler. Je mehr wir uns darin vertiefen, desto leichter fällt uns das Abweichen vom Kurs. Dann glauben wir, wieder ganz allein zu sein, etwas Außerordentliches leisten zu müssen, um erneut angenommen zu werden.

Vergessen wir nicht: Wir werden bereits geliebt.

Das Ziel der Reise

*Durch den Glauben
wohne Christus in eurem Herzen.
In der Liebe verwurzelt
und auf sie gegründet, sollt ihr zusammen
mit allen Heiligen dazu fähig sein,
die Länge und Breite,
die Höhe und Tiefe zu ermessen
und die Liebe Christi zu verstehen,
die alle Erkenntnis übersteigt.*

Eph 3,17-19

Nun bin ich seit fast zehn Jahren auf dieser wunderbaren geistlichen Reise unterwegs. Man sollte meinen, daß ich inzwischen angekommen oder zumindest dem Ziel sehr nahe sei. Eine Ankunft aber setzt ein bestimmtes Ziel voraus. Für die meisten Menschen ist das letzte Ziel dort, wo wir die Ewigkeit verbringen werden. An diesem Punkt wird unser Glaube paradox: Je mehr wir uns dem Verständnis vom Leben nach dem Tod nähern, desto weniger wichtig wird dieses Thema. Anders ausgedrückt: Weil ich glaube, daß Gott einen Ort geschaffen hat, zu dem ich nach dem Verlassen dieser Welt gehe, mache ich mir weniger Sorgen darum als jemals zuvor. So mancher Theologe und Gelehrte hat versucht, den Himmel zu beschreiben. Ehrlich gesagt, ich denke selten darüber nach. Ich weiß nur, daß ich vollkommen sein werde, denn dort bin ich auf ewig in Gottes Gegenwart.

Wohin also geht die Reise? Was ist das Ziel, wenn man mit Gott unterwegs ist? Warum die ganze Mühe, den Kurs zu halten?

Ich glaube, daß es für uns vorläufig kein anderes Ziel von Bedeutung gibt als das Leben, das Gott uns geschenkt hat – hier und jetzt. Wahrscheinlich kommt Ihnen folgende Aussage bekannt vor: »Er war so himmlisch gesinnt, daß er nicht mehr für die Erde taugte.« Damit sind Menschen gemeint, die sich so sehr auf den Himmel konzentrieren, daß sie ihre irdischen Aufgaben vernachlässigen. Eine Schande, wenn man annimmt, was Gott uns aus Gnade schenkt, aber so weiterlebt, als sei nichts geschehen.

Wenn wir auf Gott aufmerksam werden und seine Gnade und Vergebung in Anspruch nehmen, bekommen wir neuen Boden unter die Füße. Mein kurzes Gebet, mit dem ich Gott in mein Leben einlade, ist eigentlich erst der Anfang meiner Reise. Ich bekomme einen neuen Maßstab und sehe mich mit anderen Augen. Obwohl ich immer noch derselbe mit den gleichen Begabungen bin, die er mir gegeben hat, erkenne ich jetzt, daß ich meine Fähigkeiten so einsetzen kann, daß ich ihm Ehre mache.

Damit hat ein Prozeß begonnen, der das Bestmögliche aus mir herausholt.

Demnach ist das neue Ziel in Wirklichkeit ein neuer Lebenssinn. Mit Sinn meine ich den Grund für unser Dasein – etwas, wonach wir ständig streben. Ein Sinn ist insofern etwas anderes als ein Ziel, als er weder Anfang noch Ende hat. Er währt ständig. Er gibt unserem Leben Bedeutung und Inhalt.

In unserem Buch *Die Kraft des positiven Führens* verwenden Norman Vincent Peale und ich den Begriff »Sinn« als einen bestimmten Weg, den man einschlägt. Ein Ziel ist demnach eine der Stationen, die man auf diesem Weg erreichen will. Wenn also das Geldverdienen ein Ziel ist, das man anstreben kann, kann es doch niemals Sinn im Leben sein, obwohl manche Menschen sich so verhalten und sämtliche Energien darauf verwenden, Geld und Gut zu vermehren.

Beim Sinn geht es nicht um einzelne Leistungen, sondern um Höheres. Es geht um unsere Berufung, um die Entscheidung, womit wir als Persönlichkeit unser Leben füllen.

Mit einem klaren Sinn vor Augen fällt es uns leichter, Gottes Geschenk der Gnade anzunehmen und fortwährend darauf zu vertrauen. Wenn wir von unserer »Berufung« sprechen, müssen wir jedenfalls auch den erwähnen, der uns »beruft«. Es wäre sinnlos, ein persönliches Manifest unserer Lebensaufgabe zu verkünden, ohne sich der Beziehung zu Gott zu vergewissern, denn beides hängt voneinander ab. Lassen wir uns mit Gottes Gnade beschenken, so treten wir unseren Weg zu einem ganzheitlichen Dasein an. Gott hat bereits im voraus für den Ausgleich zwischen uns und den »hundert Punkten« gesorgt. Jetzt möchte er, daß es uns so gut wie möglich gelingt, ein integriertes Leben zu führen, nämlich im Gleichgewicht zwischen Leistung und Beziehung.

Solange uns also dieses Leben geschenkt ist, sollten wir, die Nachfolger Gottes, den Sinn unseres Lebens darin sehen, ihm zu dienen. Am besten sieht man sich in der Geschäftswelt um und »borgt« sich eine Zielkonzeption als Vorlage für eine persönliche Zielsetzung. Sind Sie schon einmal auf diese Idee gekommen?

Richard Bolles hat mir mit seinem Essay *How to Find Your Mission in Life*[20] ungemein geholfen, ein persönliches Lebensziel zu formulieren. Er sagt, daß auf jeden Fall das Ziel dazu gehören solle, »die Lebensbedingungen auf dieser Erde zu verbessern«. Klingt einfach, nicht wahr? Ich frage oft meine Seminarteilnehmer: »Wer von Ihnen würde gern die Lebensbedingungen auf der Erde verbessern?« Alle melden sich. Dann frage ich weiter: »Wie macht man das?« Nun wird es still im Raum. Zwar möchten alle die Welt verbessern, aber selten weiß jemand, wie man damit anfangen soll.

Bolles hat eine ausgezeichnete Methode entwickelt. Er meint, man könne dieses Ziel durch schrittweise Entscheidungen herbeiführen. Dazu dient das Miteinander, das beim alltäglichen Kontakt entsteht. Er gibt zu bedenken, daß man bei jeder Interaktion, sei es mit Angehörigen, Freunden oder Zufallsbekanntschaften, vor Entscheidungen stehe. Man könne dabei für mehr oder für weniger Liebe in der Welt sorgen, mehr oder weniger Ehrlichkeit, Vergebung, Dankbarkeit und Gerechtigkeit. Eben für eine bessere Welt.

Stellen wir uns eine Fahrt auf der Autobahn vor. Rechts von Ihnen fährt jemand offensichtlich auf der falschen Spur und muß zurück auf Ihre. Hier ist eine Entscheidung fällig: Bereichern Sie die Welt mit Ihrer Vergebung oder nicht? Lächeln Sie und lassen den Fahrer auf Ihre Spur, oder schauen Sie ihn böse an (oder Schlimmeres) und geben Gas?

Angenommen, Ihre Frau regt sich lauthals über Sie auf, während Sie gerade fortgehen. Die notwendige Entscheidung: Schenken Sie der Welt mehr Liebe oder nicht? Gehen Sie ins Haus zurück, um Ihre Frau liebevoll zu umarmen und ihr einen schönen Tag zu wünschen, oder werden Sie selbst laut und gießen damit Öl ins Feuer?

Wahrscheinlich habe ich mich verständlich ausgedrückt. Wenn man sich für Gottes Mannschaft aufstellen läßt, wandelt sich unser Lebensziel vom Dienst an uns selbst zum Dienst an anderen, und genau das sollte unser persönliches Lebensziel sichtbar machen.

Ein weiterer Aspekt dieses Ziels ist die Berufung. Ich kenne Menschen, die sich Gott zugewandt haben und anschließend vielversprechende Karrieren aufgaben, um Pastor oder Missionar zu werden. Ich habe nichts gegen diese Berufsfelder, doch in der Bibel steht, daß jedes Mitglied von Gottes Familie einen geistlichen Dienst hat. Wir müssen nicht unbedingt eine Kirche leiten oder in ein fernes Land ziehen.

Gott hat jeden Menschen mit einzigartigen Begabungen ausgestattet. Er hat jeden auf eine bestimmte Weise »verdrahtet«. Es geht ihm nicht darum, daß wir ständig unsere Schwächen bekämpfen. In der Regel sollten wir uns an die Aufgaben halten, die wir gern tun. Fragen Sie sich also im Hinblick auf Ihr persönliches Lebensziel: »Was mache ich eigentlich gern?«

Hin und wieder klopfe ich einem Manager auf die Schulter und versichere ihm: »Sie werden Ihren Weg schon finden. Im Grunde sind Sie ein wertvoller Mensch, aber Gott hat Sie nicht dazu geschaffen, ein Manager zu sein.« So mancher erweist sich als ausgezeichneter Einzelkämpfer, hat aber nicht die Fähigkeiten, die man zum Helfen und Koordinieren benötigt: Zuhören können, unterstützen, anderen die Aufgabe erleichtern.

Mir ist bereits früh in meinem Berufsleben aufgefallen, daß Gott auch mich nicht als leitenden Angestellten einsetzen wollte. Harry Evarts, vor seinem Ruhestand Top-Manager der *American Management Association*, lacht jedesmal, wenn er mich sieht. Mein erster Job nach dem Studienabschluß war eine Arbeit als Verwaltungsassistent in seinem Büro. Er war damals Dekan am *College of Business Administration* an der *Ohio University*. Wir sind uns bis heute nicht einig, ob er oder ich als erster die Kündigung aussprach. Es war wohl ein Kopf-an-Kopf-Rennen.

Auf jeden Fall war ich als Verwaltungsmanager eine Niete. Auch in meiner Firma betraut mich niemand außer meiner Sekretärin Eleanor Terndrup mit derartigen Berichten. Da ich so häufig reise, weiß auch Eleanor nicht genau, an wen sie sich sonst halten soll. Nach unseren fünfzehn gemeinsamen Berufsjahren stört das aber nicht besonders.

Zu meiner Zielfindung hat sogar Tony Robbins beigetragen, der Guru für Persönlichkeitsentwicklung und Bestsellerautor von *Grenzenlose Energie: Das Power-Prinzip*[21] und *Das Robbins-Power-Prinzip*[22]. Natürlich machen sich manche meiner christlichen Freunde Gedanken wegen dieser Bekanntschaft mit Tony, weil er ihrer Meinung nach kein gläubiger Christ ist. Trotzdem glaube ich, daß Gott ihn liebt, und mit besonderer Freude nehme ich zur Kenntnis, daß sich in seinen Vorträgen zunehmend geistliche Aspekte finden. Er hat aufmerksam zugehört, als ich ihm von meiner geistlichen Reise erzählte, und ich unterstütze ihn weiterhin auf seiner Suche nach Wahrheit.

Bei einer seiner Veranstaltungen machte Tony uns den Vorschlag, das persönliche Ziel so zu formulieren, daß sich darin echte Leidenschaft und Hingabe widerspiegele. Dieses Ziel lautet etwa so: »Ich möchte auf liebevolle Art einfache Wahrheiten vermitteln, damit mir selbst und anderen geholfen wird, die Gegenwart Gottes in unserem Leben bewußt zu machen.«

Als ich mich damit an die Öffentlichkeit wagte, machte ich bald eine Korrektur. Ich setzte hinzu: »und sie beispielhaft vorleben«. Jetzt liest sich der Satz folgendermaßen: »Ich möchte auf liebevolle Art einfache Wahrheiten vermitteln und sie beispielhaft vorleben, damit mir und anderen geholfen wird, die Gegenwart Gottes in unserem Leben bewußt zu machen.« Spencer Johnson, mein Koautor des *Minuten-Managers*, war es, der mir diese Korrektur vorschlug, weil es seiner Meinung nach so viele Menschen gibt, bei denen Lebenspraxis und Lebenstheorie nicht übereinstimmen. Sicherlich betrifft das hin und wieder auch mich. Darum dränge ich mich selbst dazu, Vorbild zu sein.

»Die Gegenwart Gottes in unserem Leben bewußt zu machen« – diesen Teil meines persönlichen Ziels habe ich deshalb formuliert, weil ich glaube, daß unser menschliches Ego die gegenwärtig größte Suchtgefahr darstellt. Wenn ich mir und anderen helfen kann, uns die Gegenwart Gottes im Leben bewußt zu machen, wächst unsere Chance, die ausgetretenen Bahnen zu verlassen. Wir lernen Gott besser kennen, empfangen seine Gnade und tragen zu einer besseren Welt bei. Ich sage »wir«, weil ich gemeinsam mit allen anderen dazu unterwegs bin.

Welches persönliche Ziel haben Sie? Was ist der Sinn Ihres Daseins? Wenn Ihnen diese Frage Kopfschmerzen bereitet, sollten Sie sich einer interessanten Aufgabe stellen, die zu einem klareren Verständnis des Lebensziels führen könnte: Schreiben Sie Ihren eigenen Nachruf. Damit ergibt sich die Chance, schon lange im voraus das ideale Ich zu beschreiben. Wie würden Sie sich beschreiben? Welches Verhalten ginge daraus hervor? Weswegen würde man sich an Sie erinnern?

Ich wurde erstmalig auf diese Möglichkeit aufmerksam, als ich eine Anekdote über Alfred Nobel hörte, den Stifter des Nobelpreises. Um die Jahrhundertwende starb sein Bruder, und als Alfred Nobel die Zeitung aufschlug, um zu erfahren, was man über seinen Bruder zu sagen hatte, war er entsetzt. Man hatte ihn mit seinem Bruder verwechselt. Also mußte er seinen eigenen Nachruf lesen.

In jüngeren Jahren hatte Alfred Nobel zur Erfindung des Dynamits beigetragen. Was glauben Sie, wovon sein Nachruf handelte? Ausschließlich von Dynamit und Zerstörung.

Nobel war niedergeschmettert. Als er mit Freunden und Angehörigen über die Verwechslung sprach, kam die Frage auf: »Was ist das Gegenteil von Zerstörung? Frieden!« Aus diesem Grund gab Nobel seinem Leben eine neue Ausrichtung, damit man ihn im Zusammenhang mit Frieden in Erinnerung behalten möge.

Woran soll man sich bei Ihnen erinnern? Wie malen Sie sich Ihr Leben aus?

Für meinen Nachruf wünsche ich mir die folgenden Worte:

»Ken Blanchard hat auf liebevolle Art einfache Wahrheiten vermittelt und sie beispielhaft vorgelebt. Seine Bücher und Vorträge über Menschenführung und Management trugen bei ihm selbst und anderen dazu bei, sich die Gegenwart Gottes in jedem Menschenleben bewußt zu machen. Er war ein fürsorglicher Ehemann, Vater, Freund und Kollege, der nach einem Ausgleich zwischen Leistung und Beziehungen strebte. Sein Wesen war bestimmt von einem geistlich geprägten Frieden. So war es ihm gegeben, zu allem nein zu sagen, das ihn von seinem Kurs abbringen mochte. Seine Energie befähigte ihn, das Positive in jeder Erfahrung zu erkennen. Was auch immer geschah, es barg für ihn eine Lehre oder Botschaft. Ken Blanchard war ein Mensch, der

auf Gottes bedingungslose Liebe vertraute und daran glaubte, daß er von Gott geliebt ward. Er schätzte Aufrichtigkeit und lebte im Einklang mit seinen Worten. Körperlich fit und beeindruckend schlank, gewann er noch mit mehr als siebzig Jahren die Seniorenmeisterschaft im Golfclub. Seine Frau Margie begleitete ihn bis zum Ende seines Lebensweges. Er wird uns fehlen, weil die Welt überall dort ein wenig besser wurde, wohin er ging.

Gut, was mein Gewicht und das Golfspielen angeht, bin ich vielleicht ein wenig über das Ziel hinausgeschossen. Aber warum eigentlich nicht? Margie meint: »Ein Ziel ist ein Traum mit Terminvorgabe.« Wenn Sie Ihren Nachruf schon vor dem Tode schreiben, träumen Sie gleichsam von einem Bilderbuchziel, von allem, was das Leben bringen und bedeuten soll. Man sollte nicht besonders zurückhaltend sein. Halten Sie sich nicht das geringere, sondern das bessere Selbst vor Augen, denn nichts anderes hat Gott uns zugedacht. Man sollte übrigens nicht allein an diese Aufgabe gehen. Kommen Sie zur Ruhe, beten und hören Sie auf die Stimme, die Ihnen versichert: »Du wirst von mir geliebt.« Gibt es eigentlich eine Chance, unser Verhalten zu überprüfen, wenn wir zu unserem Sinn im Leben gefunden haben? Wie kann man sicher sein, »zielgemäß« zu leben? Das Tagebuch, von dem zuvor die Rede war, ist ein höchst geeignetes Instrument, uns auf Kurs zu halten. Wenn ich meine Eintragung mache, bin ich gezwungen, mein Verhalten einem kritischen Rückblick zu unterwerfen.

Auch unser Gebet bekommt angesichts dieses Rückblicks im Tagebuch eine Richtung. Es hebt hervor, wofür wir dankbar sein können, und legt uns dort fest, wo wir es nötig haben, um Vergebung zu bitten. Immer wieder hat meine Mutter gesagt: »Es gibt zwei Worte, die wir nicht oft genug aussprechen können: ›Danke‹ und ›Es tut mir leid‹.«

Danken ist oft schwer genug, aber die Worte »Es tut mir leid« kommen dem menschlichen Ego nur mit äußerster Mühe über die Lippen. Nur ungern geben wir zu, im Unrecht zu sein und um Vergebung bitten zu müssen.

Nie werde ich einen Brief vergessen, den ich vor Jahren von einem Spitzenmanager der Firma *Honeywell* bekam. Er hatte soeben den *Minuten-Manager* gelesen und schrieb, daß ihm die drei »Geheimnisse« besonders gefielen, in denen es um Zielsetzung, Lob und Tadel ging. Leider setzten sie voraus, daß ein Manager immer recht habe, während er doch oft im Unrecht sei. Er schlug vor, das Thema Entschuldigung zum vierten Geheimnis des *Minuten-Managers* zu erheben.

Das kam mir eigentlich vernünftig vor, und seitdem habe ich meinen Zuhörern allerorts das Thema »Entschuldigung« nahegebracht. Trotzdem fällt es uns allen schwer. Vielleicht kennen Sie weder das Buch *Love Story* noch den gleichnamigen Film. Höchstwahrscheinlich können Sie sich aber an einen Ausspruch erinnern, der durch Eric Segals Erzählung berühmt geworden ist: »Liebe heißt, sich niemals entschuldigen zu müssen.« Alle Welt fand diese Aussage großartig. Denkt man aber darüber nach, ist sie einfach entsetzlich. Man sollte sie schleunigst in ihr Gegenteil verkehren: »Liebe heißt, um Entschuldigung bitten zu können!« Das stimmt schon eher. Wenn man also mit Hilfe des Tagebuchs das »Gestern« überdenkt, kann es dazu beitragen, auf Kurs zu bleiben oder wieder zum richtigen Kurs zu finden, wenn man das Ziel aus den Augen verloren hat.

Schlußgedanken

Damit erschöpft sich mein Rat, wie Sie Gottes bedingungslose Liebe erkennen, annehmen und ihr vertrauen können. Dieses kleine Büchlein war mein Versuch, von Jesus Christus zu erzählen – von dem, was Rick Warren als den Weg von der dritten (Baseball-)Station nach Hause bezeichnet. Und das ist meine Lebensaufgabe: nach Gottes Wort zu handeln. Es reicht nicht, nur darauf zu hören.

Ich gebe zu, daß ich mir dabei vielleicht etwas vorauseile. Bill Hybels hat mir gestanden, warum er ständig für mich betet: »Blanchard, wenn Sie sich noch besser auskennen würden, wären Sie direkt gefährlich.« Wenn ich etwas Neues erfahre, kommt es gleich in meinem nächsten Vortrag vor. Wohl stehe ich im Glauben am Anfang, möchte aber unbedingt weitersagen, was ich weiß.

Hoffentlich hatten Sie Freude an diesem Buch und konnten manches Wertvolle darin entdecken. Ich auf jeden Fall! Wie jeder andere habe ich diese Botschaft nötig und muß immer wieder daran erinnert werden, auf Gottes Hilfe zu vertrauen. Zwar habe ich die Gnade annehmen können, muß mir aber ständig die Gegenwart Gottes in meinem Leben bewußt machen, um seiner bedingungslosen Liebe zu vertrauen.

Damit will ich Sie aber nicht entlassen. Sind Sie bereit, sich auf Gott einzustellen? Haben Sie schon daran gedacht, sich Gottes bedingungsloser Liebe und seinem Sohn als persönlichem Erlöser anzuvertrauen? Wenn ja, dann brauchen Sie es nur mit diesen Worten zu bestätigen und daran zu glauben:

»Gott, ich komme als Sünder zu Dir. Ich werde Deiner Vollkommenheit nicht gerecht. Ich erkenne, daß ich mich nicht selbst erlösen kann. Ich brauche Deine Hilfe. Ich nehme Jesus Christus als meinen Erlöser und Herrn in mein Leben auf. Ich empfange in aller Demut Deine Gnade und Deine Erlösung als Geschenk.«

Um so besser, wenn Sie sich schon in letzter Zeit auf Gott eingelassen haben oder bereits in seine Mannschaft eingebunden sind! Wenn nicht, dann fragen Sie sich vielleicht: »Ist Jesus Christus tatsächlich der einzige Weg zur Erlösung und einem besseren Leben auf dieser Erde?«

Ich habe mich einmal mit Norman Vincent Peale über genau dieses Thema unterhalten und ihn gefragt: »Glauben Sie, daß nur Jesus Christus der Weg und die Wahrheit ist?«

»Unbedingt!« erwiderte er.

»Aber was ist mit den Millionen von Menschen, die nie von Jesus gehört haben?« überlegte ich. »Oder mit den Millionen rechtschaffener Menschen, die von ihm gehört haben, sich aber nicht entschließen konnten, ihm nachzufolgen?«

Norman gab mir lächelnd Antwort: »Ich glaube an einen Gott der Liebe und könnte wetten, daß er auf liebevolle Art mit ihnen umgeht. Ich bin allerdings nur der Vertreter, nicht der Geschäftsführer.«

Mir hat Normans Antwort gefallen. Aber ich hoffe, diese Frage wird für Sie insofern nicht zu einem Stolperstein, weil Sie feststellen werden, daß es nichts Besseres als ein Leben mit Christus gibt.

Machen Sie es sich auf dem Weg vom Annehmen der Gnade hin zum Vertrauen nicht allzu schwer. Es wird ohnehin nicht immer einfach sein, sich an Jesus Christus zu halten. Sie haben ein Leben lang auf Stimmen gehört, die jeden Menschen leicht vom Kurs abbringen. Hier helfen uns die besprochenen Grundsätze: Streben Sie nach Demut und Ihrer persönlichen Lebensleistung, nicht nach Leistung schlechthin. Hören Sie auf die Stimme, die uns Gottes Liebe versichert, und vergessen Sie nicht, Ihre positive Entwicklung lobend zu bedenken.

Jede Reise beginnt mit dem ersten Schritt und wird schrittweise fortgesetzt.
Viel Freude unterwegs!

DANKSAGUNG

Vor allem möchte ich meiner Frau und Partnerin Margie, meinem Sohn Scott und meiner Tochter Debbie danken, denn sie haben meine gesamten geistlichen Streifzüge, verbal und schriftlich, nicht nur ertragen, sondern mir sogar Mut gemacht, sie im weiteren Umfeld zu verbreiten. Ihre Reise mit Gott geht in unterschiedlichem Tempo voran, hat aber als Ausgangspunkt die Gewißheit, geliebt zu werden.

Weiter schulde ich vielen Freunden und Kollegen Dank, die mir zu diesem kleinen Buch Feedback gegeben haben. Insbesondere möchte ich Jim Ballard und Sheldon Bowles für ihre nachdenkliche und gründliche Beurteilung danken. Sie hatten einen bedeutenden Anteil an der endgültigen Fassung.

Auch meine langjährige Sekretärin Eleanor Terndrup und den jüngst gewonnenen Kollegen David

Wilt will ich dankend hervorheben. Beide trugen mit Liebe, Geduld und Geschick zur Vorbereitung und Drucklegung der verschiedensten Versionen dieses Manuskripts bei.

Margaret McBride, meine Buchagentin und gute Freundin, war wieder einmal liebevoll und anspornend für mich tätig. Sie gewährte mir beim Vertrag einen Löwenanteil.

Lyn Cryderman, leitender Lektor von *Zondervan Publishing House*, ist ein wunderbarer Mensch. Er suchte uns in unserem Ferienhaus im Staat New York auf, schaltete seinen Computer an, krempelte die Ärmel hoch und opferte zwei ganze Tage, um mit mir das Manuskript fertigzustellen. Ich habe das Gefühl, ihn schon seit ewigen Zeiten zu kennen.

Schließlich möchte ich meinem »Dreier-Beratungsteam« die Anerkennung aussprechen – dem Vater, dem Sohn und dem Heiligen Geist. Sie haben meinem Leben neue Energie und einen Sinn verliehen. Ich kann nur hoffen, daß ich sie angemessen dargestellt habe.

BIBLIOGRAPHIE

1 Kenneth Blanchard und Norman Vincent Peale. *The Power of Ethical Management*. New York. 1988

   dt.: *Die Kraft des positiven Führens: Integrität zahlt sich aus*. München. 1994

2 Jack Canfield und Mark Victor Hansen. *Chicken Soup for the Soul*. Deerfield Beach. 1993. Ich habe in diesem Buch erstmals die Geschichte der kleinen »Sachi« gelesen. Ursprünglich findet sie sich auf S. 48 des Buches: Dan Millman. *Sacred Journey of the Peaceful Warrior*. Tiburion. 1983

3 Byron MacDonald ist Pastor der *Rolling Hills Covenant Church* in North Rolling Hills Estates, Kalifornien. Phil Hodges schickt mir jede Woche ein Tonband mit MacDonalds Predigten – er ist ein bemerkenswerter Prediger. Einem dieser Bänder entnahm ich die Geschichte vom Rabbi, der die Stadt verändern wollte.

4   Kenneth Blanchard und Spencer Johnson. *The One-Minute Manager*. New York. 1982

    dt.: *Der Minuten-Manager*. Reinbek. 1996

5   Bill Hybels. *Seven Wonders of the Spiritual World*. Irving. 1988

6   Thomas F. Crum. *The Magic of Conflict*. New York. 1988

7   Henri J. M. Nouwen und sein Denken lernte ich durch Bob Buford kennen. Er schickte mir einen Band mit einem Vortrag Henri Nouwens: »Solitude, Community, and Ministry«, der 1993 vor der Gründungsversammlung der *Christian Business Leaders* in Toronto gehalten wurde. Nach Fertigstellung des Probedrucks von *We Are the Beloved* entdeckte ein Kollege Nouwens jüngstes Werk: *Life of the Beloved*. New York. 1992 (dt.: *Du bist der geliebte Mensch: Religiöses Leben in einer säkularen Welt*. Freiburg. 1995). Es regte mich zum Titel für das vorliegende Buch an.

8   Gordon MacDonald. *Ordering Your Private World*. Nashville. 1985

    dt.: *Ordne dein Leben: Christliche Perspektiven für den richtigen Umgang mit dem Leben und der Zeit*. Wiesbaden. 1992

9   Harold S. Krushner. *When Bad Things Happen to Good People*. Boston. 1982

10 Harold S. Krushner. *When All You've Ever Wanted Isn't Enough*. Boston. 1987

11 Richard N. Bolles. *What Color Is Your Parachute?* New York. 1982
dt.: *Job hunting: Ein Handbuch für Einsteiger und Aufsteiger.* München. 1987

12 Richard N. Bolles. »Loving God and Loving Our Careers«. Titel eines Interviews, das in *Crossings*, einem Rundbrief der *Church of Divinity School of the Pacific*, 1989 erschien.

13 Vernon Howard. *The Mystic Path of Cosmic Power*. Ojai. 1988
dt.: *Durch mystische Weisheit zu kosmischer Kraft.* München. 1985

14 John Scherer und Larry Shook. *Work and the Human Spirit.* Spokane. 1993

15 Chuck Hogan. *Five Days to Golfing Excellence.* Sedona. 1986

16 Colleen Zuck (Hg.). *The Daily Word.* Unity Village.

17 Rick Warren ist der dynamische Pastor der *Saddleback Valley Community Church* in Südkalifornien. Bob Buford erzählte mir, wie Rick die geistliche Reise des Christen illustriert.

18 Robert A. Laidlaw. *The Reason Why*. Chattanooga.

19 Bill Hybels. *Honest to God?* Grand Rapids. 1992
    dt.: *Der neue Weg – anders leben ist möglich*. Neuhausen. 1991

20 Richard N. Bolles. *How to Find Your Mission in Life*. Berkeley. 1991

21 Anthony Robbins. *Unlimited Power*. New York. 1987
    dt.: *Grenzenlose Energie: das Power-Prinzip. Wie Sie Ihre persönlichen Schwächen in positive Energie verwandeln*. München. 1996

22 Anthony Robbins. *Awaken the Giant Within*. New York. 1991
    dt.: *Das Robbins-Power-Prinzip: Wie Sie Ihre wahren inneren Kräfte sofort einsetzen*. München. 1996

Das Buch für jeden Vater:

Viele Männer reiben sich auf im täglichen Zwiespalt zwischen Beruf und Vaterrolle. Die Opfer sind gleichermaßen die Kinder wie auch die Väter selbst. In Rob Parsons Buch erfahren Sie in nur sechzig Minuten, wie Sie das Leben Ihres Kindes für immer verändern können. Ein Buch voller praxisnaher und wertvoller Ratschläge.

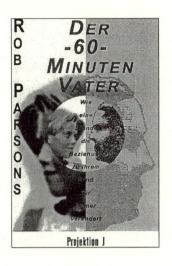

Rob Parsons
Der 60-Minuten-Vater
Gb., 120 Seiten
ISBN 3-89490-141-1
DM/sfr 19,80 / öS 145,-

Zu beziehen bei:
Projektion J Buch- und Musikverlag GmbH,
Rheingaustraße 132, 65203 Wiesbaden
Bestell-Telefon: (06 11) 96 7 96 70 • Bestell-Fax (06 11) 96 7 96 77
(Oder in Ihrer Buchhandlung)

Hat jemand irgendwo meine Zeit gesehen?

Nutzen Sie Ihre von Gott gegebenen geistlichen Stärken? Fehlt Ihnen der innere Antrieb, motiviert Ihr Leben zu gestalten? Für unzählige Menschen ist dieses Buch eine wertvolle Hilfe geworden, Ordnung in ihr Privatleben zu bringen und eine christliche Perspektive im Umgang mit dem Leben und der Zeit zu bekommen.

Gordon MacDonald
Ordne dein Leben
Pb., 180 Seiten
ISBN 3-925352-59-7
DM/sfr 24,80 / öS 181,-

Zu beziehen bei:
Projektion J Buch- und Musikverlag GmbH,
Rheingaustraße 132, 65203 Wiesbaden
Bestell-Telefon: (06 11) 96 7 96 70 • Bestell-Fax (06 11) 96 7 96 77
(Oder in Ihrer Buchhandlung)